모빌리티
Mobility
미래 권력

앞으로 10년,
이동수단의 모든 질서가 바뀐다

모빌리티
미래 권력

권용주·오아름 지음

MBL Books

18세기 중반 네덜란드의 역사가이자 철학자인 요한 하위징아Johan Huizinga가 '호모 루덴스Homo Rudens'라는 개념을 설파하면서 근거로 삼은 인간의 행위는 '놀이'였다. 인간은 누군가와 함께 어울리며 즐기는 행위를 통해 문화를 발전시켜 왔다는 것이 호모 루덴스, 즉 '유희의 인간'이다. 지혜와 이성을 갖춘 호모 사피엔스Homo Sapiens, 생산과 노동에 매진했던 호모 파베르Homo Faber에서 소외된 인간성을 찾으려는 노력이 여가로 연결됐다는 것이 하위징아의 주장이다. 그리고 호모 루덴스를 대표하는 행위가 바로 '여행'이다. 새로운 것을 찾아 떠나고, 낯선 풍경에서 묘한 긴장감을 느끼는 여행이야말로 인간성을 회복하는 놀이의 연장선인 셈이다.

그런데 여행의 기원은 인류의 시작과 궤를 같이 했다. 배고픔을 면하려면 사냥을 해야 했는데, 이때 사냥감을 쫓는 것 자체가 곧 이동의 시작이기 때문이다. 따라서 사냥은 생존에 필요한 에너지의 공급이자 추위를 피하는 의복의 풍요함으로 연결됐다. 더불어 농업 발전에 따른 정착이 이루어지기 전까지 인간은 생존을 위해 끝없이 이동하는 유목민의 삶을 거쳐왔다. 그래서 이동, 즉 모빌리티Mobility는 어느 날

하늘에서 뚝 떨어진 새로운 개념이 아니라 인류의 시작부터 존재했던 행위로 여기는 게 보다 근원적이다.

그럼에도 현대 사회에서 모빌리티는 그저 '탈 것1인승 운송수단, 다인승 운송수단 등'으로 인식된다. 사실 모빌리티는 '이동하는 그 자체운송'를 모두 포함하지만 이동의 주요 수단이 바퀴 달린 자동차였다는 점에서 '자동차=모빌리티'의 개념적 오류에서 벗어나지 못하고 있다. 하지만 전 인류적 시각으로 볼 때 인간 또한 이동하는 인류, 즉 '호모 모빌리티쿠스Homo Mobilitycus'로 부를 수 있다.

호모 모빌리티쿠스의 인류는 역사적으로 이동의 수단과 방법을 줄기차게 연구해왔다. 그중에서도 집중한 것은 이동하는 힘, 즉 동력動力이었다. 그 결과 '발foot'에서 비롯된 이동은 수레바퀴의 등장에 따라 인력人力으로 옮겨갔고, 다시 속도와 힘의 경쟁에서 인간보다 우월한 동물로 전환됐는데 대표적인 동물의 힘이 마력馬力이었다. 그리고 화석에너지를 태우며 힘을 얻는 '내연동력Combustion Engine'에 이르렀고 지금은 전기동력으로 바뀌어가는 출입문에 서 있다. A에서 B까지 이동하려 할 때 핵심은 이동 수단, 그리고 이동을 가능하게 하는 힘이다.

모빌리티는 이제 이동 수단보다 이동하는 방법에 시선이 모아져 있다. 이동 수단의 본질적 기능이 '이동'이라는 점에서 이동 수단의 다양화와 완벽성이 달성되면 그만이기 때문이다. 그중 이동을 위해 필요한 '탈 것Riding Things'은 기능의 세분화 시대를 거쳐 이제는 기능의 통합 시대로 향하는 반면 '어떻게 이동시킬 것인가Mobility Service'는 오히려 세분화가 진행되는 중이다. 대신 이동의 효율을 극대화시키기 위해 경로설정 및 이동 수단 선택을 융합시켜 모빌리티 서비스의 완성을 추구하고 있다.

그렇다면 이동 방법의 혁신은 가능할까? 충분히 가능하다. 생각하는 인류가 점차 '이동하는 인류'와 구분되지 않을 만큼 결합되고 있어서다. 여기에 유희에 대한 욕망 또한 더욱 커져가는데 산업화가 곧 인간성 회복에 대한 욕망을 더욱 부추기는 탓이다. 디지털 세상이 만들어질수록 새로운 것을 갈구하는 욕망은 더욱 커지고 이는 이동의 확산에 영향을 미쳐 이동의 중요성을 더욱 높이기 마련이다.

과거 도시를 건설할 때 건축가들이 가장 먼저 생각한 것은 거주공간의 효율이다. 그러나 현대 사회에서 도시를 새로 만들 때 두는 최우선 가치는 이동의 효율이다. 이동 경로를 어떻게 만드느냐에 따라 도시의 이동 수단과 삶의 형태가 달라진다.

이동에 대한 권력 다툼은 지금부터가 본격적이다. 이동 수단, 이동 경로, 이동 서비스 등으로 구분됐던 모빌리티의 개념이 이제는 통합으로 치닫고 있다. 누구나 이동 수단을 만들고, 누구나 이동 수단에 지능을 넣고, 누구나 이동 경로에 필요한 데이터를 모을 수 있는 시대에 모빌리티의 권력은 어디로 이동할 것인가?

이 책은 앞으로 펼쳐질 미래 모빌리티 세상에서 '누가 헤게모니를 주도할까'를 고민한 흔적이다. 다가올 모빌리티 세계에 펼쳐질 지형도를 나름대로 예측해봤다. 집필의 목적은 어디까지나 독자 스스로 모빌리티의 미래를 예측하는데 도움을 주는 역할에 그칠 뿐이다. 예를 들면 공상과학영화에 등장하는 것처럼 이동 수단의 자율주행은 완성되지 못할 수도 있고 완성될 수도 있다. 방향이 맞아도 시간이 얼마나 걸릴지는 아무도 알 수 없다. 하지만 예측은 누구나 해볼 수 있다. 그것이 전문가이든 아니든 말이다. 결국 '모빌리티의 미래 권력'은 스스로 예측 가능한 지침서의 역할이 될 것이다. 그것이 욕심일 뿐이라도….

마지막으로 책 집필에 함께 해준 카이스트 문술미래전략대학원 오아름 후배를 포함해 책 발간에 앞서주신 무블출판사 이재유 대표에게 감사를 드린다.

프롤로그 5

Chapter 1 **전동화 전쟁의 서막**

1 엔진에서 모터로   17

　전기차 혁명, 영역 파괴는 이미 시작됐다   17

　내연기관 종말 시점 언급한 BMW의 교훈   21

　내연기관을 포기한다는 것은   25

　자동차, 결국은 에너지 전쟁의 산물   28

　수소경제, 보급과 인프라 중 누가 먼저인가   33

2 친환경차의 명암   37

　미세먼지 늘리는 전기차의 역설   37

　보조금, '자동차 vs 연료' 어디에 집중할까   39

　수출용 중고 전기차의 배터리와 세금   41

　전기차, 전환비용 고민이 시작되다   44

Chapter 2 섞이고 분리되는 모빌리티

1 전기차 춘추전국시대   49

　CES 2020의 일렉트로닉 모빌리티   49
　자율주행차, 부품사 독립을 예고하다   53
　통신 기업도 전기차를 만드는 시대   56
　SK도 전기차를 만들까   59
　애플카, 왜 어려울까   63
　결국 완성차 제조에 발 걸친 우버   65
　폭스바겐그룹의 플랫폼 공유 실험   68

2 생각하는 자동차   72

　자동차 vs 사람, 누구의 운전이 안전한가   72
　사람의 뇌와 연결된 자동차, 통제는 인간이   76
　위치 따라 자동으로 동력이 바뀌는 시대   79
　모빌리티에서 '공간의 상품성'이란   81
　자동차가 자동차에 식사를 배달한다면   84
　자율주행, 사람보다 물건이 먼저   87
　자율주행차, 2030년 상용화 쉽지 않아   90

Chapter 3 물고 물리는 모빌리티 에너지

1 기름에서 전기까지   97
　전력 유통에 눈독들이는 자동차회사   97

자동차기업 위협하는 기름회사   100

세계 최대 석유기업의 수소 주목 배경   104

현대차가 테슬라 충전을 막은 의도   106

2 패를 쥔 배터리   110

전기차, 기술은 경쟁 유통은 독점   110

반값 전기차의 주도권 싸움   113

교체식 배터리를 택시에 적용한다면   116

전기차, 잉크처럼 배터리도 재생된다면   119

EV 전기를 EV에 팔 수 있다면   121

Chapter 4   이동 방식의 미래 권력

1 As A Service   127

자동차, 제조보다 중요한 것은 '활용'   127

2022년, 모빌리티 분기점 될까   131

현대차가 모빌리티 기업이 된다는 것은   134

자동차회사는 왜 카셰어링에 주목할까   137

공유 거대화를 향한 완성차의 몸부림   141

2 소유와 공유   145

자동차를 기꺼이 사겠는가   145

자동차, 빌려 타는 방법의 홍수 시대   148

자동차 '렌탈'은 굴뚝, '카셰어링'은 첨단?   151

카풀은 공유인가 아닌가   154

승차 공유 서비스의 어두운 이면   158

3   택시의 파워게임   163

이동 수요에 대한 환상   163

제조 vs 활용, 누가 모빌리티를 주도할까   167

택시 모빌리티, 누가 승자가 될 것인가   170

4   라스트-마일 모빌리티   173

초소형 모빌리티의 '퍼스트-라스트' 마일   173

전동 킥보드 공유와 마을버스   177

복지형 부분구간 승차 공유에 대한 생각   180

Chapter 5   자동차 전환 비용의 고민

1   자동차 제국주의   185

한국산 전기차 막겠다는 미국 대통령   185

자율주행차 규정 손보려는 미국   188

자동차 국가주의 그리고 친환경차   191

자동차, '생산-판매-개발'이 분리되는 이유   194

2 미래차와 일자리   199

　전기차, 엔진 부품의 고민은 깊어진다   199
　배출기준 강화가 일자리를 줄인다?   202
　현대차, 광주에 투자한 진짜 이유   205
　운전자 없는 세상과 일자리   207
　자동차 온라인 판매의 이면   210

3 자동차와 세금   215

　자동차, '세금 vs 환경' 누구의 손 들어주나   215
　자동차, 휘발유와 전기의 세금 논란   218
　내연기관의 세금 반란이 시작되다   221

에필로그 224

전동화
전쟁의 서막

01

엔진에서 모터로

전기차 혁명,
영역 파괴는 이미 시작됐다

인도 만디아 지역에서 리튬 광산이 발견됐다. 규모는 최소 1만 4,100t 수준에 불과하지만 이번 발견으로 인도는 칠레(860만t), 호주(280만t), 아르헨티나(170만t), 포르투갈(6만t) 등과 같은 리튬 원자재 공급 국가로 등극했다. 원자재가 확보됐으니 향후 10년 동안 리튬 배터리 생산을 위해 10개의 대형 공장을 설립하겠다는 목표도 설정했다.

 그런가 하면 미국 디트로이트에선 GM이 전기 픽업트럭 생산을 목표로 전용 공장을 설립하겠다고 발표했다. GM 최초의 전기차 전용 공장이다. 메리 바라 GM 회장은 2025년까지 20조 원 이상을 투자해 전기차와 자율주행차에 모든 역량을 쏟겠다고 화끈하게 선언했다. 이것은 한마디로 내연기관 완성차에서 전기 자율주행차 제조사로 탈바꿈하겠다는 미래 전략이다.

CES 기조연설 중인 메리 바라 GM 회장

GM의 투자는 공장에서 멈추지 않았다. 배터리에 들어가는 셀의 적재 구조를 바꾸고 '얼티엄Ultium'이라는 이름을 붙였다. 곧 50~200kW에 걸친 다양한 용량의 배터리에 브랜드를 입히고 자동차에 탑재할 계획이다. 0~100km 가속을 3초 이내로 설정해도 최장 644km의 주행이 가능한 제원이라고 설명했다. 승용은 400V 배터리팩과 최대 200kW급 고속충전이 가능하고, 트럭은 800V 배터리팩에 350kW급 고용량 충전이 활용된다. 파트너는 한국의 LG에너지솔루션이다.

테슬라는 배터리 가격을 낮추기 위해 파트너 기업인 파나소닉 대신 중국 CATL과 손잡았다. 이 회사가 만든 리튬 인산철 배터리LFP에는 값비싼 코발트가 들어가지 않아 가격을 낮출 수 있다. 중국 내 전기차 보조금 지급이 2022년까지 연장됐지만 이미 중국 완성차기업들이 저렴한 전기차를 쏟아내는 마당에 테슬라 또한 가격을 낮추지 못하면 승산이 없다고 판단했다. 그렇지만 리튬 인산철 배터리는 밀도가 10%가량 낮아 주행거리에서 불리한데, 테슬라는 이를 극복하고 코발트가 들어간 리튬 배터리 수준의 성능을 확보하겠다는 방침이다. 결국 테슬라도 GM과 마찬가지로 핵심 배터리 기술을 확보하지 못하면 경쟁력이 떨어질 수밖에 없다고 본 셈이다.

유럽도 결코 밀리지 않는다. 유럽연합EU 집행위원회가 만든 유럽배터리연합EBA, Europe Battery Association은 유럽 내 BMW, 바스프 등 배터리 제조사 17개사를 묶어 4조 원 규모를 지원하기로 했다. 배터리 생산의 80%가 아시아 지역에서 생산된다는 점에서 유럽의 자체 배터리 제조 경쟁력이 약하고, 앞으로 배터리 제조 경쟁력을 갖추지 못하면 미래 전동 모빌리티 시장에서 뒤쳐질 수 있다는 위기감이 만든 결과다. 여기서 만들어진 배터리를 유럽 내 여러 완성차 기업이 활용해 유럽의 모빌리티 경쟁력을 높여야 한다는 계획이다. 동시에 폭스바겐은 이미 'ID.'로 이름 붙인 전기차 제품군의 연간 30만 대 생산에 돌입했다.

흥미로운 점은 전통적인 자동차 제조사가 전기동력 이동 수단의 제조와 핵심 부품 개발에 나서는 동시에 인프라 구축에도 관심을 쏟는다는 점이다. 이미 배터리 직접 개발 및 제조에 나선 토요타는 급속 충전 프로토콜 개발에 적극적이다. 내연기관에 비유하면 주유소에 설치된 주유기를 만드는 일이다. 어떻게 전기를 충전하느냐에 따라 배터리 수명이 달라진다는 점에 착안하여 인공지능이 충전하도록 설계했다. 이용자가 충전 커넥터를 연결하면 인공지능이 배터리 상태를 촘촘히 파악해 수명에 미치는 영향을 최소화하며 충전하는 기술이다. 동시에 일본 산요는 내화성 플라스틱 배터리 양산을 준비 중이다. 배터리의 주요 구성 요소를 가벼운 플라스틱으로 바꾸면 금속 리튬이온 배터리 대비 생산 비용이 절반 가량 낮아진다는 점을 주목했다. 한마디로 전기 모빌리티 혁명에 앞다퉈 모두가 뛰어드는 형국이다.

한국도 예외는 아니다. 기아는 플랜S를 발표하면서 전동화의 길을 걷겠다고 선언했다. 현대차 또한 LG에너지솔루션 및 삼성SDI, SK이노베이션 등 탄탄한 국내 배터리 제조사를 기반 삼아 그룹 자체를 스마트 모빌리티 회사로 바꾸겠다는 전략을 실행 중이다. 더불어 수소로 전기를 만들어 동력원으로 삼는 수소에너지 혁신에도 매진한다. 여기에는 아예 전기 생산에 수소를 활용하는 발전 부문도 포함돼 있다. 직접 전기를 만들어 현대차·기아가 만든 전기차 배터리에 공급하고, 신재생에너지로 수소를 만들어 수소 전기차에 보급하는 식이다. 움직이는 것에는 반드시 동력이 필요한 만큼 현대차·기아의 비전은 동력의 직접 제조에서 활용까지 모든 부문을 망라한다.

글로벌 기업 및 국가들의 전동화 걸음은 빠르지만 보폭은 아직 크지 않다. 그러나 최근 흐름을 보면 보폭이 점차 넓어지고 발의 움직임은 잰걸음 수준으로 바빠지고 있다. 실제 글로벌 EV 업계 내에선 관련 부품 시장 또한 5년 후가 지나면 170조 원 수준에 이를 것으로 전망하고 있다. 여기에는 당연히 배터리 팩과 모터 부문의 비중이 크지만 내연기관의 전동화가 가져올 변화의 충격도 상당할 것이다.

내연기관 150년 역사에 비춰볼 때 지금까지 '이동Mobility'에 필요한 모든 영역은 세부적으로 구분돼왔다. 자동차회사는 이동 수단 제조에 집중했고, 정부와 운송사업자는 대중교통 체계를 구축해왔다. 이때 필요한 에너지는 정유사가 역할을 맡았다. 하지만 이제는 아니다. 자동차회사가 전기를 만들고, 정유사는 전기 이동 수단 제조에 뛰어들며, 전기에너지를 공급해주는 인프라 사업에는 모두가 군침을 흘리고 있다. 이른바 전기차가 가져올 영역 파괴의 시작이다. 따라서 전기차 분야에 있어 업종의 영역 다툼은 이제 무의미하다. 서로 겹칠 수밖에 없는 영역 경쟁에서 누가 먼저 침범하느냐만 있을 뿐이다.

내연기관 종말 시점 언급한
BMW의 교훈

"2050년이면 내연기관이 사라질 것이다."

"아니다, 역할이 축소될 뿐 그 이후도 살아남을 것이다."

이들 두 주장은 자동차 동력 전환 관련 회의 또는 세미나가 벌어질 때마다 매번 충돌한다. 해당 분야 종사자에게는 그야말로 미래 생존이 걸린 일이어서 각 진영의 전문가들이 첨예하게 맞서며 미래 동력의 전환 시점을 놓고 토론을 벌인다.

역사적으로 이동 수단을 움직이는 동력은 '사람-말馬-내연기관Engine'의 변화를 거쳐왔다. 이 가운데 가장 오래된 동력은 '인간'이다. 가마를 짊어졌고 수레가 발명된 후에는 바퀴 달린 인력거 시대가 전개됐다. 하지만 곧 무거운 것을 더 잘 이끄는 말이 활용됐다. 인간과 말의 동력 시대를 합치면 적게는 수백 년에서 길게는 수천 년 전까지 거슬러 오른다.

반면 19세기에 등장한 내연기관의 역사는 불과 150년 정도에 그친다. 앞선 동력 시대의 역사와 비교하면 '찰나'에 머물 뿐이다. 하지만 환경 측면에서 내연기관은 지구를 가장 빨리 오염시킨 기계 문명으로도 꼽힌다. 동력을 만들 때 사용하는 화석연료 때문이다. 엄청난 힘으로 문명의 빠른 발전을 가져왔지만 내연기관차의 배출가스가 오히려 지구의 지속 가능성을 낮춘다는 사실에 동력을 바꾸자는 움직임이 계속되고 있다.

여기서 수많은 자동차회사와 각 나라의 고민이 들어간다. 동력 전환의 필요성과 방향성은 충분히 인지하지만 대체 언제부터 새로운 힘, 그중에서도 전기동력이 득세하느냐를 예측하는 일이다. 여전히 전력의 대부분을 석탄이나 LNG 등의 화석연료를 통해 얻는 점도 고려해야 하고, 내연기관 기술 발전을 통한 배출가스 감소 수준도 감안해야 한다. 나아가 정치적으로는 동력 전환에 따른 일자리 변화 등도 따져봐야 한다. 게다가 새로운 동력을 활용하려면 인프라도 구축해야 하고, 동력의 저장과 유통도 염두에 두어야 한다. 그러니 이 모든 것을 망라했을 때 내연기관 시대의 종말 시점을 예측하는 것은 실로 어려운 과제다.

이런 가운데 BMW가 최근 글로벌 내연기관차의 종말 시점이 늦어도 2050년이라고 선언했다. 디젤은 앞으로 20년, 가솔린은 30년 정도를 내다봤다. 전력 충전 인프라가 아직 미약한 러시아와 중동, 중국 서부와 내륙 등은 향후 10~15년간 여전히 내연기관에 의존하지만 중국 해안과 상하이, 베이징 등의 대도시는 10년 안에 배터리 전기차BEV만 살아남을 것으로 전망했다. 물론 그 즈음 유럽은 점진적 변화를 수용해 내연기관이 플러그인 하이브리드PHEV, Plug in Hybrid Electric Vehicle 전기모터와 내연기관을 함께 사용하는 자동차로 바통을 넘길 것으로 확신했다. 이에 따라 BMW는 유럽의 엄격해진 배출가스 기준 충족이 어려운 1.5L 3기통 디젤엔진과 굳이 필요하지 않은 잉여 동력의 상징으로 일컬어지는 가솔린 V12 엔진을 앞으로 배제하겠다는 입장을 밝히기도 했다. 내연기관과 전기동력의 혼재 시대가 생각보다 오래가지 않을 것으로 보고 미래를 대비하기로 했다.

여기서 주목할 점은 BMW가 내세운 미래예측 시점의 확신이다. 설령 2050년 내연기관의 주력 시대가 저물지 않더라도 그때까지 동력의 주된 전환은 이루어내겠다는 의지를 피력하고 있기 때문이다. 쉽게 보면 앞으로 30년 동안 공장의 생산품을 내연기관차에서 전기차로 바

BMW 신형 전기차 플랫폼 기반의 순수전기차 'iX'

꾸고 그에 따른 생산 인력의 축소, 그리고 전력 생산 또한 석탄에서 신재생에너지로 대체한다는 전략인 셈이다. 비록 BMW라는 단일 기업이 내놓은 예측이지만 그들 스스로 글로벌 공동체의 환경 규제, 각 나라의 고용과 세제, 에너지 변환 등을 총체적으로 따져본 것이기 때문에 BMW가 내연기관의 종말 시점을 2050년으로 정한 것을 단순히 흘려들어서는 안 된다.

그렇다면 현대차·기아를 비롯한 국내 완성차기업들이 예측하는 전환 시점은 언제일까. 이러한 예측에는 BMW와 마찬가지로 국내외의 고용, 세제, 발전 방식 등이 모두 고려돼야 하는데, 여전히 여러 분야가 망라된 통합적인 전망은 나오지 않고 있다.

최근 관련 세미나에 참석해 직접 목격한 광경이 이를 입증한다. 전기 전공자는 전기차의 주력 시대가 마치 곧 올 것처럼 말하고, 내연기관 전문가는 30년 이상 지속될 것으로 목소리를 높인다. 둘 사이에 발전 부문을 언급하는 에너지 전문가들은 각자의 전공에 따라 입장을 낼 뿐이다. '신재생을 늘려야 한다, 석탄 줄이고 원자력을 더해야 한다, 화석연료 의존도를 낮추기 어려우니 석탄 대신 LNG를 확대해야 한다'는 식의 주장들이 뒤엉켜 있다. 단, 여기서 확실한 것은 그 어느 누구도 한국의 동력 전환 시점을 예측하지 않는다는 사실이다. 그저 '언젠가'만 반복될 뿐이다. 이제는 '언젠가'가 아니라 모든 부문에서 '언제부터'를 정확히 명시해야 할 때다. 그래야 계단을 밟으며 단계적으로 동력 전환 시대를 준비할 수 있다. 이동 수단의 동력 전환 기간은 점차 짧아지니 말이다.

내연기관을
포기한다는 것은

화석연료 중심의 내연기관 자동차가 마차馬車를 대체하자 영국에선 마차산업을 보호하기 위해 '붉은 깃발 법Red Flag Act'을 만들었다. 그 결과 영국의 자동차 산업이 독일과 미국에 뒤처졌다. 결국 규제 때문이었다. 문재인 대통령이 지난 2018년 언급한 내용이다. 이어 "제도가 신산업 성장을 억제한다면 새롭게 접근해야 한다"는 말도 덧붙였다.

그럼 실제 이 과정을 겪었던 영국은 어떻게 대처했을까? 영국이 독일이나 프랑스보다 자동차 산업 경쟁력이 떨어진 것은 사실이다. 하지만 여기서 말하는 경쟁력은 '제품'이 아니라 공장의 '생산성'이다. 비가 오면 일을 하지 않고, 안개가 끼면 사고 발생 가능성이 높아진다며 근무를 거절했던 '영국병'이 원인이었다. 그 결과 영국에서 출생한 자동차회사의 소유권은 다른 나라 기업으로 넘어갔다. 재규어랜드로버는 인도 타타그룹에, 롤스로이스와 벤틀리 등은 BMW그룹에 편입됐다. 복스홀도 최근 푸조시트로엥PSA으로 둥지를 옮겼고, 이들은 최근 이탈리아 피아트 및 미국 크라이슬러와 함께 스텔란티스를 만들었다.

하지만 영국은 이를 자동차산업의 위기로 보지 않았다. 소유권을 모두 해외 기업으로 넘긴 후 생각이 달라졌기 때문이다. 어차피 해당 기업은 여전히 영국에 남아 있고, 영국 사람들이 일을 하며, 유럽의 다른 나라 소비자도 영국이 만든 자동차를 구입하고 있어서다. 따라서 영국 정부에게 중요한 것은 자동차기업을 소유하는 것이 아니라 개발과 생산을 어디서 하느냐였고, 이를 위해서는 공장의 생산 대수를 늘리는 게 최우선이었다.

영국이 사용한 방법은 적극적인 해외 기업 유치였다. 해외 기업에게 영국 진출을 독려하고 미래 첨단 기술을 무상으로 지원했다. 그리고 영국 내 기업들에겐 미래 자동차산업에 필요한 기술 개발 자금을 대주며 개발을 유도했다. 2009년 정부 주도로 '자동차위원회Automotive Council'를 만든 배경이다. 수송 부문에서 '탄소저감'이 된다면 소재, IT, 제조, 소프트웨어, 심지어 제도에 이르기까지 영역을 나누지 않고 미래 수송 부문 경쟁력 향상을 위한 결과물을 확보했다. 생산된 제품은 영국 내 완성차기업과 연결시켜 납품도 지원한다. 확보된 기술은 영국에 진출한 해외 기업이 손쉽게 사용할 수 있도록 협업 기회를 열었다. 한마디로 해외 기업은 자본만 투자해 공장을 설립하라는 뜻이다.

이처럼 일찌감치 수송 부문에서 기술 주도의 4차 산업혁명을 준비해온 만큼 영국은 서둘러 내연기관 시대의 종말을 준비하고 있다. 영국 의회가 2032년부터 내연기관차 판매를 아예 금지하겠다는 입장을 표명한 배경이다. 당초 금지를 천명했던 2040년보다 8년 앞당겼다. 어차피 '전동화Electrification' 기반의 이동 수단 시장으로 넘어간다면 시기적으로 앞서 가자는 게 영국 정부의 의지다.

물론 여전히 EV보다 내연기관에서 수익을 거두는 자동차회사들은 반대한다. SMMT영국자동차협회는 2040년 내연기관 승용차 및 밴의 판매를 금지하려는 목표 자체도 불가능한데 이를 8년 당기는 것은 정치적 구호일 뿐이라고 일축한다. 정부 목표가 달성되려면 연간 200만 대의 내연기관차 수요가 10년 만에 모두 바뀌어야 하기 때문이다. 하지만 당장 전기차로 수익을 내는 것 자체가 어려운 구조인 데다 정부마저 EV 지원금을 줄이는 사실을 직시해야 한다고 조언한다.

그럼에도 영국 자동차산업 내 전반적인 인식은 지금과 같은 저탄소 혁명의 속도가 유지된다면 미래 이동 수단 제조 부문에서 영국이 글로벌 주도권을 확보할 수 있다는 생각이다. 이 경우 상대적으로 내연기관 부문에서 영국보다 덩치가 큰 독일 및 프랑스를 앞설 것으로 예측한다. 과거 프랑스 및 독일보다 마차산업 덩치가 커서 내연기관 출발이 늦었다면 이제는 역으로 내연기관 부문의 덩치가 큰 프랑스와 독일이 영국의 속도를 따라오지 못할 것으로 판단하는 것이다.

이런 가운데 최근 한국도 영국처럼 이동 수단 동력의 방향성을 새롭게 설정해야 한다는 주장이 끊이지 않고 있다. 하지만 한국 또한 독일만큼 내연기관 산업의 규모가 크다. 미국과 일본도 표면적으로는 새로운 동력원을 주목하지만 내연기관은 아직 포기할 수 없는 부문이다. 미래 친환경 이동 수단 개발에 필요한 자금이 여전히 내연기관 판매에서 조달될 수밖에 없는 구조다.

잘 살펴보면, 거대 자동차기업의 권력 이동 중심에는 수송에너지가 자리하고 있음을 알 수 있다. 국가별로 주력 수송 에너지를 무엇으로 삼느냐에 따라 변화에 적응하는 이동 수단 제조기업의 변신 속도가 결정되기 때문이다. 하지만 에너지 문제는 산업의 근간을 바꾸는 문제여서 속도가 더디고, 이동 수단 제조 원가에 상당한 영향을 미치는 세금과도 밀접하다. 결국 친환경 이동 수단 시장으로 가는 것은 맞지만 원가 부담이 월등히 낮은 IT처럼 내연기관은 빨리 갈 수 없다. 자동차와 기름은 이동 수단과 수송 에너지로 구분되지만 둘 모두 정부의 주요 세원税原이기 때문이다. 그것도 영국보다 더 많은 세금이 부과되는 중이니 친환경차로 빨리 가려면 세금 구조부터 바꿔야 한다.

자동차, 결국은
에너지 전쟁의 산물

1978년 이란이 석유 수출을 전면 중단했다. 그 탓에 배럴당 13달러였던 원유 가격은 단숨에 20달러를 넘었고, 1980년 이란과 이라크 간의 전쟁이 벌어지자 30달러로 뛰었다. 뒤이어 1981년 사우디아라비아가 석유의 자원무기화를 선언하자 39달러로 치솟았다. 이른바 2차 석유 파동이다. 이후 기름 값은 등락을 반복하되 추가 '쇼크'로 연결되지는 않았다. 2000년 후반 투기세력 가담으로 다시 가파르게 올랐지만 셰일가스 등의 대체석유가 등장하면서 제자리로 돌아왔다.

문제는 기름 값은 언제든 다시 오를 수 있다는 점이다. 오로지 기름을 팔아 국가 경제를 유지하는 중동 산유국에게 석유는 유일한 돈벌이 수단이기 때문이다. 많이 벌고 싶으면 생산을 줄여 유가를 높이면 된다. 굳이 줄이지 않아도 정치적인 문제로 갈등이 벌어지면 폭등 조짐이 보이기도 한다. 다시 말해 우리 의지와 전혀 관계없이 세계의 정세와 종교 갈등이 석유 가격을 결정짓는다. 이란의 호르무즈해협 봉쇄 언급만 나와도 기름 값이 널뛴다.

세계 각국은 어떻게든 중동의 석유 의존도를 낮추기 위해 수입선 다변화를 추구해 왔다. 중동과 남미, 러시아 등지에서도 석유를 사왔다. 중동에서 석유 수입이 막히면 대안을 찾아야 했다. 그러나 중동의 산유량이 워낙 많아 공급 대체지가 없는 게 현실이다. 그래서 여전히 중동 지역의 석유 의존도는 높다.

이런 가운데 한편에선 수송 부문의 배출가스를 줄이자는 움직임이 전개됐다. 한마디로 기름 사용을 줄이자는 목소리다. 이동Mobility에서 에너지 사용을 줄이는 방법은 크게 ℓ당 주행거리를 늘리는 것과 전체 주행거리를 감축시키는 방안이 있다. 예를 들어 승용차 한 대의 연간 1만 3,000km 평균 주행을 1만km로 줄이는 것과 ℓ당 10km 가던 효율을 12km로 높이는 식이다. 그렇게 되면 기름 사용은 얼마나 줄어들까? 단적인 예로 1ℓ에 10km를 주행하는 중형 세단이 연간 1만 3,000km를 주행할 때 필요한 휘발유는 1,300ℓ다. 그런데 효율을 20% 높여 12km에 이르면 필요 기름은 1,083ℓ로 217ℓ가 줄어든다. 그리고 ℓ당 10km의 중형 세단의 연간 주행거리를 1만 3,000km에서 1만km로 낮추면 필요 연료는 300ℓ가 감소한 1,000ℓ 정도면 된다. 두 가지를 병행하면 833ℓ가 소요되니 467ℓ가 절감되는 효과가 나타난다. 정부가 대중교통망을 촘촘하게 구성하고, 자동차회사가 효율을 높이는데 집중한 배경이다.

그런데 줄이는 것도 모자라 수송 부문에서 기름을 아예 쓰지 말자는 움직임이 나타났다. 탄소 기반의 화석연료를 태울수록 지구는 뜨거워지고, 머플러를 통해 배출되는 가스 속에는 눈에 보이지 않는 미세먼지가 포함돼 건강을 심각하게 위협하기 때문이다. 그런데 같은 탄소 기반의 에너지라도 배출되는 오염 물질의 성분을 두고 친환경 논란이 일었다. 그래서 경유 대신 액화석유가스LPG를 수송 부문 에너지로 쓰자는 의견이 힘을 얻고 있다. 경유는 미세먼지 생성물질인 질소산화물 배출이 많은 반면 LPG는 적기 때문이다.

그러자 어차피 경유 및 휘발유, LPG 모두 원유에서 추출되는 화석연료라는 점을 들어 아예 동력을 전기로 쓰자는 아이디어가 등장했고, 둘을 섞은 하이브리드가 주목받았다. 하지만 전력의 일부를 동력으로 활용하는 하이브리드에서 필요한 전기에너지는 엔진 회전을 통해 얻는다. 결국 전기에너지를 만들기 위해 또 다시 화석 연료를 태워야 한다는 점이 지적됐고, 이에 주차 때 아예 별도의 전력을 충전으로 저장해 사용하자는 플러그인 하이브리드가 세상에 태어난 것이다. 이어 어차피 충전할 요량이라면 굳이 내연기관을 쓸 필요가 있냐는 판단에서 순수 배터리 전기차 시대로 넘어가는 움직임이 뚜렷하다.

하지만 걸림돌은 배터리 전기차에 필요한 에너지를 만드는 과정이다. 석탄이라는 화석연료를 태워 전기를 만들고, 이를 자동차에 쓰는 것이 대부분이어서 친환경 논란이 다시 불거졌다. 게다가 배터리 생산 및 폐기 과정에서 사용하는 에너지의 총량을 감안하면 친환경이 아니라는 주장도 고개를 들었다. 하지만 화석연료휘발유, 경유, LPG 등는 배출가스 관리가 어려운 반면 석탄을 태우는 화력발전소는 고정된 시설이어서 배출가스 관리가 쉽다는 점에서 배터리 기반 전기차가 보다 친환경이라는 목소리가 설득력을 얻고 있다. 그러나 이 모든 것들이 사실 완전한 친환경은 아니다.

이런 이유로 에너지를 비롯한 자동차업계의 관심은 석탄 기반의 전력도 아니고, 석유도 아닌 제3의 수송 에너지를 찾는 데 주력했다. 하지만 여기서 관건은 에너지의 순환성이다. 사용한 후 사라지거나 오염물질로 전환되는 것이 아닌 영구적으로 재사용이 가능한 자원을 연구했다. 그래야 고갈의 위험으로부터 자유로워지기 때문이다. 제아무리 많다 해도 석유와 석탄은 언젠가 고갈되고, 원자력에 사용되는 우라늄과 플루토늄도 마찬가지다. 게다가 흔히 말하는 자연에너지는 말 그대로 자연 조건에 따라 제약이 많다. 태양광은 밤에 전력을 얻을 수 없고, 풍력과 조력도 기후 영향을 받는다. 수력 또한 지형 조건에 따라 활용 가치가 달라진다. 하지만 수송 부문의 에너지는 언제, 어디서든, 편리하게 자동차에 넣을 수 있어야 에너지로서 가치가 있는 데다 경제성도 고려해야 한다.

이런 배경으로 떠오른 것이 수소Hydrogen다. 수소를 산소와 반응시켜 나오는 전력으로 모빌리티를 구동시키고, 이 과정에서 물을 배출한다. 그리고 물을 다시 수소와 산소로 분해시켜 수소를 얻어낸다. 지금은 수소를 만들 때 천연가스 개질 등을 사용하고 있어 또 다른 에너지를 사용하지만 앞으로 자연을 통해 얻은 전력을 물 분해에 사용하고, 여기서 얻은 수소를 저장해 사용하면 순환 구조가 이뤄진다는 게 수소에 집중하는 이유다. 물론 가장 이상적인 모빌리티 에너지는 자연에서 에너지전력를 직접 얻어 바로 사용하는 방식이지만 에너지는 늘 어딘가에 저장이 돼 있어야 모빌리티 사용자가 손쉽게 넣을 수 있다. 최근 전력을 담는 ESSEnergy Storage Saver와 수소를 저장하는 탱크가 경쟁하는 것도 같은 맥락이다. ESS에 저장 가능한 전력량과 전력 생산이 가능한 수소를 탱크에 담았을 때 두 저장장치에 들어가는 에너지 총량 차이가 핵심이다.

수소 기반의 산업사회를 만든다는 것은 크게 세 가지 목적이 담겨 있다. 불안한 중동 정세에 따라 기름 값이 결정되는 외부 변동성을 제거하고, 화석 및 원자력 발전을 대체해 근본적으로 국민의 건강권을 지키며, 이미 화석연료 등의 에너지 저장을 위해 사용되는 공간을 다른 용도로 활용하자는 것이다. 수소 산업은 5년 또는 10년이 아니라 오랜 시간 지속되는 장기 프로젝트가 될 수밖에 없다. 추가적인 논란이 있지만 석유가 나지 않는 국가를 중심으로 수소 사회로 나아가려는 것 또한 결국 국가의 에너지 자립과 무관치 않다는 것이다.

하지만 여기서 발전 속도가 엇갈리는 부분은 인프라와 비용이다. ESS에 기반한 전력에너지는 당장 사용이 쉬운 게 장점이다. 발전 과정은 논외로 하더라도 이미 거미줄처럼 연결돼 있는 전선은 ESS가 있는 곳이라면 어디든 전력을 보내 저장할 수 있다. 반면 수소는 별도의 저장 시설을 새로 만드는 인프라 구축이 쉽지 않다. 저장 시설을 만드는 과정에서 상당한 비용 투입이 불가피한 만큼 당장은 에너지 비용이 비쌀 수밖에 없다.

그래서 전문가들은 배터리 기반의 전기차BEV, Battery Electric Vehicle와 수소 기반의 전기차FCEV, Fuel Cell Electric Vehicle의 경쟁을 토끼와 거북이에 비유하기도 한다. 배터리 전기차가 빠르게 앞서가며 시장을 주도하겠지만 일정 시간에 도달하면 더 이상 발전이 어려워 정체되고, 이후는 거북이에 해당되는 수소전기차가 주도한다고 말이다. 그러나 그 시점이 언제가 될 지는 아무도 모른다. 수송 에너지의 변화는 곧 산업 구조, 나아가 사람들의 생활양식 자체가 달라진다는 점을 의미하고 있어서다. 그리고 이를 대비하려면 엄청난 투자가 선행돼야 하며, 그러자면 여전히 화석연료 자동차를 많이 팔아야 한다. 미래를 대비하는 것보다 미래를 위해 현재의 화석연료 자동차 규모를 유지하는 게 보다 어려운 과제일 수 있다. 자동차 제조사는 에너지 변화에 따른 새로운 동력발생 장치만을 만들어낼 뿐이니 말이다.

수소경제,
보급과 인프라 중 누가 먼저인가

내연기관 이후 친환경차 전략 중 순수 전기차와 함께 수소차가 부각되는데, 특히 글로벌 자동차 시장에서 현대차·기아가 수소차 개발에 많은 투자와 함께 기술적으로 선두를 치고 나가는 상황인 만큼 국내 관심도 높아지는 추세. 수소는 무한하고 저장성이 뛰어난 장점이 있다. 순환 사용이 가능하고 친환경 명분도 뚜렷하다. 당장은 어렵지만 수소 생산에 신재생 에너지를 활용하면 만드는 과정에서 유해 물질이 전혀 배출되지 않아 탄소 제로를 실현할 수 있는 친환경에너지원으로 꼽힌다.

새로운 동력원으로 수소에 대한 인식과 필요성은 높아지고 있지만 발전은 더디기만 하다. 수소 자체가 다루기 까다롭고 정부는 비싼 비용을 이유로 전기차 대비 인프라 구축에 소극적이기 때문이다.

2021년 8월 기준 넥쏘는 국내 시장에 1만 5,000대가량 판매됐으며 수소충전소는 전국 56곳이 마련됐다. 정부는 수소경제 발전 계획을 통해 수소차 생산을 2022년 8만 1,000대, 2030년 180만 대까지 빠르게 확대해 2040년엔 620만 대(내수 290만 대, 수출 330만 대)로 늘리겠다고 밝혔다. 또 인프라 확대 방안으로 2022년까지 수소 충전소를 310기로 확대할 예정이다.

정부의 적극적인 자세로 수소 관련 산업계에서는 기대감을 드러냈지만 수소차와 충전소 확대 두 마리 토끼를 다 잡을 수 있을지는 의문이다. 무분별한 비용 투입으로 충전소를 늘리기 전에 수소차 판매가 먼

수소연료전지차 상용화를 이끈 현대차 '넥쏘'

저 이뤄져야 한다는 입장과 인프라를 구축해 구매 심리를 높이는 게 우선이라는 주장이 맞서고 있다. 소비자는 안심하고 차를 구입할 수 있는 인프라가 갖춰지기를 바라고 사업자는 어느 정도 수소차가 보급된 후 인프라 사업에 뛰어들어야 수익이 발생한다고 생각하기 때문이다.

업계에서는 인프라 구축이 먼저라는 의견이 강하다. 소비자 불안 심리가 커지면 구매 의욕이 떨어지고 판매량 저하에 따른 생산량 감소로 이어져 회복이 쉽지 않다고 이유를 들었다. 차를 구매해도 불편하지 않다는 심리적 안정을 심어준 뒤 판매에 전념해도 늦지 않다는 뜻이다. 이를 위해 정부는 민간사업자 활용 방법을 찾아야 한다. 민간이 수소충전소를 만드는 데에 대규모 투자를 할 수 있도록 충분한 지원과 보장을 약속하는 방안이다.

결국 정부는 30억 원에 이르는 설치비용 중 일부를 지원하고 충전소가 어느 정도 자립할 때까지 운영 보조금을 추가로 지원할 예정이다. 또 타사 옥외광고물을 설치해 부가 수익을 창출한다는 계획이다.

수소차 충전소 보급 수 　　(자료:환경부)

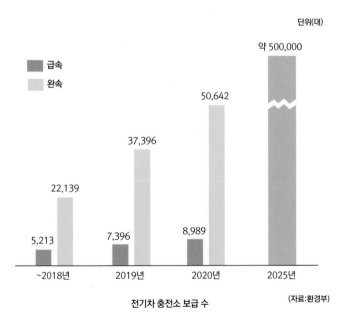

전기차 충전소 보급 수 　　(자료:환경부)

액화석유가스LPG와 압축천연가스CNG 충전소에 수소충전소를 병행 설치해 공간 효율도 높이기로 했다. 또 고압가스안전관리법을 개정해 충전소 관리 방식을 완화하고 운전자 셀프 충전도 가능토록 했다.

　다양한 정책을 발표했지만 여전히 진정성은 명확히 와 닿지 않는다. 한쪽에 힘을 실어줄 정부의 정책과 방향은 희미한 채 목표 대수와 충전소 숫자 늘리기에만 급급하다는 지적을 피할 수 없다. 정부와 업계가 수소전기차 보급과 인프라, 이중 어디에 보다 집중할 것인지 정확한 방향 지시와 함께 세밀한 전략이 필요하다.

02

친환경차의 명암

미세먼지 늘리는
전기차의 역설

에너지연구원이 내놓은 '2018 에너지통계연보'에 따르면 국내에서 사용되는 전력을 만들 때 가장 많이 활용되는 원료는 석탄이다. 석탄화력발전 비중은 2017년 52.4%에 이른다. 그 뒤를 원자력(33.5%), LNG(11.4%), 수력(1.6%), 석유(1.1%)가 잇는다. 이 가운데 미세먼지 배출이 가장 많은 부문은 당연히 석탄화력발전이다. 따라서 정부도 노후화된 석탄화력발전소 가동을 중단하는 등 대책 마련이 분주하다.

그런가 하면 미세먼지 감축을 위한 도로이동오염원 부문의 정책은 전기차 확대다. 당장 머플러에서 나오는 배출가스가 없다는 이유로 대당 최고 1,200만 원의 돈이 지원되고 세액감면이 이뤄진다. 하지만 필요한 전기는 여전히 석탄화력으로 만들어 공급한다. 그러니 미세먼지가 자동차에서 석탄화력으로 옮겨진 것일 뿐 전체적인 감축효과는 떨어진다는 목소리가 만만치 않다.

실제 관련 연구도 활발하다. 한국과학기술기획평가원KISTEP 안상진 박사는 지난해 〈대기오염을 유발하는 전기차의 역설：한국의 미세먼지(PM2.5)〉 보고서에서 "EV가 늘어날수록 미세먼지 또한 증가한다"는 주장을 내놨다. 2030년까지 국내 전기차 비중이 25%에 도달하는 과정에서 자동차 미세먼지는 $0.653\mu g/m^3$ 낮아지는 반면 전기차를 위한 전력 생산 과정에서 배출되는 미세먼지는 $1.147\mu g/m^3$이 상승해 전국적으로 초미세먼지 배출밀도는 오히려 $0.494\mu g/m^3$ 증가한다는 계산을 도출했다. 전기차 늘려봐야 미세먼지 감축 효과가 없다는 주장이다.

여기서 눈여겨 볼 대목은 전기차의 종류다. 발전 부문의 미세먼지를 자동차가 상쇄하려면 승용이 아니라 상용전기차가 늘어야 한다고 목소리를 높인다. 하루 평균 $35km$ 주행에 불과한 승용보다 $104.8km$ 교통안전공단 2018 주행거리 통계를 운행하는 사업용차를 전기로 바꿔야 미세먼지 감축 효과가 크다는 것이다. 기본적으로 휘발유와 경유 등의 화석연료 사용량이 줄어야 도로 부문에서 미세먼지 감축이 많이 이뤄지는데, 기름 사용량은 승용보다 상용이 월등히 많아서다.

국내에서는 2020년에 1t 전기 트럭이 첫 등장했다. 국고보조금 1,600만 원에 지자체 보조금을 더해 최대 2,400만 원까지 지원하는 데에다 유인책으로 영업용 번호판을 보급하면서 높은 인기를 얻었다. 이에 보급 첫 해 1만 대가량이었던 지원 대수는 2021년 2만 5,000대로 늘었다. 하지만 이는 궁극적으로 영업용 화물차 총량 증대에 일조했을 뿐, 화석연료 사용을 줄이진 못한 것으로 평가된다. 1t 디젤 트럭을 전기 트럭으로 교체할 것이란 정부 기대와 달리 단순히 전기 트럭을 추가 구매하는 데에 그쳤기 때문이다. 이에 정부는 2022년부터 1t 전기 트럭 구매의 강력한 구매 유인책으로 꼽히는 영업용 번호판을 보급하지 않기로 했다.

일부에선 현재 운행되는 1t 소형 디젤 트럭의 전기차 개조에도 관심을 가져야 한다고 말한다. 완성차회사의 신차만 보조금으로 도와주는 것보다 이미 운행 중인 소형 디젤차를 전기차로 바꾸는 게 미세먼지 저감에 보다 효과적이기 때문이다. 게다가 노후 경유차의 저공해조치에 이미 막대한 세금이 투입되고 있음에 비춰 개조를 외면하는 것은 형평성 측면에서도 맞지 않는다는 얘기도 흘러 나온다. 내연기관의 배출가스를 줄이기 위해 LPG 엔진에도 보조금을 주는데 개조는 지원되지 않는 것은 어불성설이라고 말이다. 보조금 사용의 명분이 친환경이라면 효과는 훨씬 많이 나오는 쪽도 고려하자는 뜻이다.

보조금,
'자동차 vs 연료' 어디에 집중할까

수송에너지 시장이 빠르게 전기로 바뀌는 중이다. 그간 휘발유, 경유, LPG, 천연가스 등으로 구분된 화석연료 중심의 수송에너지 시장에 '전기Electric'가 새로 진입했기 때문이다. 물론 여전히 미세먼지를 내뿜는 화력발전소 중심으로 전기를 만들어 공급하지만 1차 에너지 상태에서 바퀴로 전달되는 에너지 총소비효율이 기름보다 높다는 이유로 각종 지원이 모아지고 있다.

대표적인 전기차 지원 방안은 직접적인 구매 보조금 지급이다. 비록 매년 줄고 있지만 국고 보조금과 지자체 보조금, 등록 과정에서의 세금 감면 등을 모두 망라하면 거의 2,000만 원에 달한다. 나아가 이동에 필요한 전기에너지 비용도 할인된 가격에 공급된다. EV 구매 지원 규모만 보면 한국이 글로벌 최고 수준이라는 평가다.

그런데 EV에 집중된 지원을 두고 여러 논란도 제기된다. 친환경이라는 측면에서 모든 국민들의 세금을 개인 및 기업 구매자에게 일괄 지원하는 것이 올바른 방향인가를 묻는 질문이다. 특히 EV 구매자 대부분이 내연기관을 보유한 상태에서 추가 구매한다는 점을 떠올리면 세금 지원에 보다 공공의 가치가 포함돼야 하는 것 아니냐는 얘기가 나온다. 물론 제주도 등 일부 자치단체는 전기차 구매 지원 조건으로 내연기관 대체를 내걸었지만 그렇다 해도 구매자의 상당수는 전기차 외에 내연기관차를 보유한 경우가 많다.

현재 친환경차라는 이유로 세금이 지원되는 이동 수단은 하이브리드, 플러그인 하이브리드, 배터리 전기차, 수소 전기차, LPG차 등이다. 대기환경 개선에 얼마나 도움이 되는가를 놓고 지원 액수가 달라진다. 또한 LPG를 제외한 나머지 동력은 오로지 전기를 쓴다는 이유만으로 구매 과정에서 개별소비세와 취득세 등의 세금도 일부 감면된다. 반면 LPG는 차종을 한정해 보조금을 지급한다. 게다가 지원 규모는 전기차와 비교조차 되지 못할 정도에 머문다. 생계형 서민이 주로 이용하는 이동 수단임에도 전기 승용차와 비교할 때 여전히 규모는 턱없이 적은 셈이다.

이런 논란은 한국에서만 나타나는 현상은 아니다. 독일은 6만 유로 이상 전기차는 아예 지원하지 않는다. 또한 개인이 구매하는 경우라면 보조금도 적다. 대신 전체 국민이 이용하는 공공성을 따져 지원 대상을 정한다. 대중교통에 투입되는 이동 수단의 전동화를 지원하고, 노후 경유차 도심 진입 제한처럼 운행 거리가 많은 내연기관차 운행 억제에 세금을 투입한다. 이외 프랑스와 영국 등도 크게 다르지 않다. 이동 수단의 특수성보다 친환경 에너지에 보다 지원 초점을 맞추는 식이다.

그래서 국내도 지원 대상을 바꾸자는 목소리도 적지 않다. 지금은 이동 수단에 지원이 집중돼 있지만 사실 자동차를 포함한 이동 수단은 에너지를 이용해 동력을 만드는 것이어서 '에너지'에 보조금을 지원하는 게 보다 효율적이라는 주장이다. 이 경우 에너지의 친환경성, 그리고 서민 지원이라는 두 가지 효과를 모두 넣을 수 있다는 논리다. 제아무리 뛰어난 이동 수단이라도 '연료'라는 밥을 먹지 않으면 이동할 수 없는 고철에 불과하기 때문이다.

수출용 중고 전기차의
배터리와 세금

국내에서 판매돼 의무 보유기간 2년을 넘긴 전기차가 요르단을 비롯해 필리핀, 우크라이나 등으로 수출되고 있다. 이들 대부분은 렌터카로 이용되던 매물로 5년의 차령이 지나 매각된 차들이다. 지난 몇 년간 전기 신차 판매가 확대되면서 중고 매물 역시 크게 늘었다. 2016년에는 수십 대에 불과하던 중고 전기차 수출이 2019년 139대로 늘었고 2020년엔 632대로 5배 가량 증가했다. 올해는 1,000대 이상이 해외 시장에 팔려나갈 것으로 관측된다.

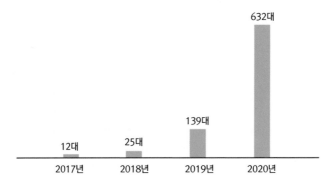

중고 전기차 수출 현황

그런데 여기서 보조금 논란이 비롯된다. 기본적으로 배터리 전기차에 국가 및 자치단체가 세금으로 보조금을 지급하는 가장 큰 이유는 지역 내 배출가스 감소 명분이다. 하지만 보조금이 지급된 중고 전기차가 수출돼 운행되면 수입한 국가의 대기질 개선에 역할을 하기 마련이다. 이 경우 보조금은 대한민국 세금이 투입되고 환경개선 효과는 다른 나라가 누리는 현상이 발생한다. 그렇다고 중고 전기차에서 배터리만 떼어내고 수출한다는 것 자체도 사실상 불가능하다. 배터리를 분리하는 순간 자동차가 아니라 그냥 고철로 변하기 때문이다.

그럼에도 일부에선 국민 세금이 투입됐다는 점을 근거로 중고 전기차의 수출을 금지해야 한다고 말한다. 하지만 중고 전기차는 늘어날 수밖에 없고, 수출을 막자니 소비자들의 중고 전기차 선호도가 낮아 오히려 운행되지 않는 중고 전기차만 쌓일 수도 있다. 게다가 아직까지 배터리 재사용 및 재처리 사업이 활성화되지 않은 점도 걸림돌이다.

그렇다고 해외로 세금이 유출되는 것을 마냥 두고 볼 수도 없는 노룻이다. 그래서 해결책으로 제시되는 방안이 의무 보유기간 연장이다. 현재 국내에서 보조금을 받고 전기차를 구매하면 의무적으로 2년 동안 운행해야 한다. 그 이후 최초 구매자는 중고 전기차로 시장에 매각할 수 있는데 다행히 누군가 해당 중고차를 구입, 운행하면 보조금 지원 명분과 대기환경 개선의 효과를 모두 볼 수 있다. 하지만 쏟아지는 물량을 받아줄 구입자가 많지 않은 게 중고 전기차의 현실이다. 이에 따라 기존 보유자의 의무 운행 기간을 늘려 세금의 해외 유출 방지하고, 동시에 국내 운행거리 확장으로 배출가스를 줄이자는 목소리가 고개를 들고 있다.

여기서 고민은 의무 보유기간을 늘렸을 때 혹여 소비자들의 새 차 구입 욕구가 떨어지는 것 아니냐는 우려다. 보급 목표 대수를 해마다 늘려가는 마당에 되팔 수 없는 기간을 늘리는 것 자체가 새 차 구매를 가로막을 수 있다는 논리다. 실제 전기차는 운행할수록 배터리에 담을 수 있는 전력량 감소로 1회 충전 후 주행거리가 줄고 점진적으로 전력 요금도 올라 경제성이 떨어진다. 그런데 되팔고 싶을 때 팔지 못한다면 굳이 전기 새 차를 구매할 이유가 사라진다는 뜻이다.

하지만 전문가들은 현재 2년인 의무 보유기간을 5년으로 당장 늘리자는 게 아니라 순차적으로 3년, 4년, 5년으로 확대하거나 보조금 지급 금액에 따라 의무 보유기간을 차등하는 방안을 제시하고 있다. 이는 현재 전기차 보조금 기준으로 삼는 배터리 용량 및 효율과도 연동돼 정책적 효과를 높일 수 있다. 한마디로 고효율 전기차일수록 보조금이 많이 지원되고 이들 제품의 국내 운행 거리가 많을수록 내연기관 대체 효과도 커지는 만큼 보조금과 의무 보유기간을 연동하자는 대안이다. 이 경우 수출용 중고 전기차로 유출되는 세금 또한 최대한 줄이는 효과를 기대할 수 있다.

물론 아직은 정책 아이디어 차원이지만 전기차 의무 보유기간 연장은 충분히 도입할 가치가 있다는 게 전문가들의 견해다. 환경 개선과 세금 유출 방지, 그리고 전기차 기술 개발 촉진까지 해야 한다면 보유기간 연장이 일정 부분 그 역할을 할 수 있을 것으로 기대하는 모양새다. 그래서 궁금하기도 하다. 의무 보유기간을 연장하면 정말 새 차로 전기차를 사려는 사람이 줄어들까?

전기차,
전환비용 고민이 시작되다

#사례1. 지난 2018년 제주도 내 경정비 사업자들이 도청으로 몰려갔다. 제주도에서 운행되는 자동차 가운데 전기차 비중이 늘면서 내연기관의 정비 수요가 감소한 탓이다. 그럼에도 제주도는 오는 2030년 내연기관차 판매를 금지하겠다는 입장을 나타내 정비 사업자들의 반발이 일어나고 있다.

#사례2. 친환경차 보급이 확산되며 지난 1년간 전국 주유소 184곳이 문을 닫았다. 코로나에 따른 이동 감소 영향도 있었지만 빠르게 확산되는 전기차 증가도 영향을 미친 것으로 분석되고 있다. 반면 전기차 충전기는 하루가 다르게 늘어나고 있다. 2021년 현재 전국에 운영 중인 충전기는 6만여기에 이른다. 이런 가운데 현대기아차그룹이 본

격적인 충전 사업에 뛰어들면서 빠르게 인프라가 확대되는 중이다. 그러자 정유업계는 석유에서 거둬 들이는 세금으로 충전 인프라를 구축하는 것은 공정하지 못한 처사라며 반발, 전기차에도 휘발유 및 경유에 포함된 교통세를 포함시켜야 한다는 목소리를 내고 있다.

이처럼 오랜 기간 이동 산업의 중심이었던 에너지가 전기로 바뀌면서 업종 간 희비가 교차하고 있다. 하지만 전환에 따른 과거 업종의 매몰비용 또한 만만치 않게 발생하면서 정책 속도의 조절론도 동시에 대두되고 있다.

140년 내연기관의 시대는 그동안 석유 중심의 산업 인프라를 형성해 왔다. 석유기업들의 기반 하에 자동차회사는 이동 수단의 동력을 석유로 만들었고 그에 따라 주유소, LPG 충전소 등이 전국에 확충됐다. 동시에 정비 또한 내연기관 중심의 기술자를 육성하며 오랜 시간 많은 인력이 사회 곳곳에 자리를 잡았다.

그런데 전기 충전소는 주유소와 달리 에너지를 저장하는 탱크가 없다. 그래서 작은 공간만 있으면 어디서든 설치할 수 있고 심지어 주택이라면 가정에도 장착할 수 있다. 그래서 전기 충전소가 보편화되면 저장탱크가 설치된 주유소 부지의 부동산 가치도 하락하기 마련이다.

친환경차의 전환은 폐차 업계도 고민이다. 엔진을 사용하지 않는 만큼 재사용 및 재활용 부품 수가 줄어 수익에 영향을 미치는 탓이다. 자동차에 사용하던 배터리를 다른 부문에서 재사용-ESS하면서 엔진에서 추출하던 알루미늄, 텅스텐 등의 여러 소재 물질을 판매할 수 없고, 부품 단순화로 거래 규모도 감소하기 때문이다.

정부라고 마냥 즐거운 것은 아니다. 전기차에 사용되는 전력에 세금을 부과하지 않아 전체 세입이 줄어들 가능성이 제기되고 있다. 기획재정부에 따르면 지난해 거둔 전체 국세 293조 원 가운데 교통세는 14조 6,000억 원으로 5% 비중인데, 친환경차 확대가 이뤄지면 감소는 불가피해 보인다. 당장은 코로나19 여파로 내연기관차의 이동이 늘고 그만큼 기름 사용도 많아 견디지만 코로나 이후는 상황이 급변할 수밖에 없다. 따라서 언제까지 세금으로 친환경차 보급을 촉진할 수는 없는 셈이다.

따라서 친환경차 확산이 가져올 다양한 사회적 문제를 해결하기 위해 머리를 맞대자는 의견이 뒤따르고 있다. 새로운 사업에 대한 전환비용 및 구사업의 매몰비용을 함께 고민하자는 목소리다. 그리고 여기에는 에너지, 이동 수단 제조, 운송 등의 모든 영역이 포함돼야 한다는 의견이 쏟아지고 있다. 새롭게 떠오르는 업종도 좋지만 어쩔 수 없이 사라져야 하는 업종의 전환기회도 만들어주자고 말이다. 연착륙과 경착륙, 우리는 어떤 선택을 한 것인지 지혜를 모아야 할 때다.

섞이고 분리되는
모빌리티

01

전기차 춘추전국시대

CES 2020의
일렉트로닉 모빌리티

당장은 아니지만 전자제품 전문기업의 모빌리티 진출은 이미 시작됐다. 대표적인 사례가 로봇 청소기를 일반 도로 청소작업에 투입하는 일이다. 군이 사람을 태우지 않아도 정해진 구간을 오가며 쉬지 않고 청소를 할 수 있어서다. 또한 거주자가 많은 지역은 운전자 없이 사람만 탑승해 이동시키는 자율주행 셔틀의 투입도 증가하고 있다. 그간 전자기업의 진입이 어려웠던 내연기관 동력이 전기로 대체되자 기다렸다는 듯 모빌리티 비즈니스에 구애를 보내는 중이다. 심지어 '전기'를 다루는 능력은 자동차회사보다 전자기업이 유리하다는 점을 들어 미래에는 세력 교체가 일어날 가능성도 있다고 말한다.

물론 가정에서 움직이는 소형 이동 수단과 일반 도로에서 사람을 태우고 주행하는 것은 차원이 다르다. 이른바 위험요소의 종류와 숫자부터 엄청난 격차가 있다. 가정의 경우 대부분의 장애물이 고정돼 있어 인식과 판단에 어려움이 없지만 자동차와 보행자로 넘치는 도로는 인식부터 고차원적 접근을 필요로 한다. 고정된 것과 움직이는 모든 것을 동시에 인식해야 하고, 이동하는 사물이라면 어디로 움직일지 예측도 해야 한다. 그래야 멈추지 않고 자연스럽게 회피할 수 있다. 일반적인 자율주행 과정으로 알려진 '인식-판단-제어' 단계가 매우 복잡하다는 뜻이다.

그런데 '인식-판단-제어'는 소프트웨어의 역할이 크다. 필요한 하드웨어는 이미 상당한 수준으로 발전하고 있어 전자기업 입장에선 고민할 사안이 아니다. 그렇다보니 소형 이동 가전과 크기만 다를 뿐 '인식-판단-제어'라는 알고리즘의 기본 구조를 앞세워 속속 시장 진출을 선언하고 있다. 전자기업의 모빌리티 비즈니스가 그간 흥미 수준에 머물렀다면 이제는 구체적인 사업계획으로 나타난다는 뜻이다. 그리고 CES 2020은 모빌리티에 나서려는 전자기업의 움직임을 명확하게 드러냈다.

그중에서도 주목받은 곳은 단연 일본 소니SONY다. 전자기업으로 알려진 소니의 배터리 전기차 '비전 S 콘셉트'는 소프트웨어 업데이트를 통해 운전자 역할이 필요 없는 레벨4 수준의 자율주행 단계까지 발전킨 것이 특징이다. 전자기업의 모빌리티 비즈니스가 예정된 미래라면 소니는 눈치를 살피는 것보다 직접 경쟁이 불가피하다고 판단, 모빌리티 제조 부문의 가능성을 검토한 셈이다.

한국의 LG전자도 시선을 끌었다. 자동차 시트 제조로 잘 알려진 에디언트의 모빌리티 차체에 LG전자와 LG에너지솔루션 등의 주요 기술

을 모두 적용한 것. 겉으로 볼 때 LG의 역할은 부품 공급자 같지만 현장에서 만난 전문가들은 '그 이상'이라고 입을 모은다. 걸음의 속도가 느릴 뿐 궁극적으로 전자기업의 전동 모빌리티 시장 진출은 당연한 수순으로 보고 있어서다. 동일한 관점에서 삼성전자 또한 모빌리티 존 Zone을 별도로 구성했을 만큼 전자기업에게 '모빌리티'는 더 이상 생소한 단어가 아닌, 가야 할 길이 돼가고 있다.

흥미로운 점은 전자기업들의 관심에 앞서 자동차 부품기업도 모빌리티 비즈니스에 매우 적극적이라는 점이다. 모비스의 '엠비전-X', 보쉬가 선보였던 모빌리티 콘셉트 등이 대표적이다. 완성차회사의 눈치를

부품기업 현대모비스가 해석한 모빌리티 '엠비전-X'

볼 수밖에 없는 협력사지만 모빌리티 부문은 '자동차'라는 개념과 다른 의미여서 직접 경쟁이 아니라고 여기는 것이다. 이른바 미래 자동차 권력 지형이 새롭게 재편되는 출발점이 아닐 수 없다.

전자 및 부품기업 등이 활발하게 모빌리티 진출을 선언하자 국내에선 자율주행 생태계를 조성할 도시 선정이 필요하다는 목소리도 쏟아진다. 자율주행차가 일반 자동차와 구분 없이 섞여 다니는 시범도시가 필요하다는 것이다. 미국 네바다주가 자율주행의 실증 시험장이 된 것처럼 국내 또한 도시 선정이 뒤따라야 하는데, 다행히 현재 정부가 추진 중이라고 한다. 이때 발생 가능한 여러 문제를 지역 주민들이 받아들일 수 있느냐가 관건이다. 도로 혼잡도가 오히려 증가할 수 있어서다.

그럼에도 모빌리티에서 전자기업의 욕심은 점점 커지고 있다. 또한 부품 기업들의 전선도 기존 내연기관차에서 조금씩 벗어나고 있다. 이런 상황에서 완성차기업은 모두 모빌리티 비즈니스의 청사진을 제시하고 있다. 구도만 본다면 미래 모빌리티 경쟁은 완성차기업이 시장을 만드는 사이 전자기업과 부품기업이 어떻게 틈새를 확보하느냐로 모아진다. 이 과정에서 IT기업들의 권력 지향도 관심이다. 이미 운행되는 모빌리티를 '앱'이라는 형태로 호출하고 있어서다. 결국 미래 모빌리티를 향한 경쟁은 지금부터 시작인 셈이다.

자율주행차, 부품사 독립을 예고하다

자동차 생태계에서 그동안 주인공은 제조사였다. 부품의 외주화가 일반화된 오늘날에도 산업계의 중심은 완성차기업이 차지한다. 반면 협력사들은 막대한 자금으로 자신들의 부품을 구매하는 완성차업체들의 옆에 서 있을 뿐이다. 소비자에게 전달되는 최종 상품은 완성차였고, 일반 소비자와 접점이 거의 없는 부품 제조사는 전면에 나서는 걸 꺼리기까지 했다. 새로운 기술이나 상품을 소개하는 자리에서도 제대로 정보를 공개하지 못하는 게 일반적이다. 나아가 부품사의 성공 여부는 유명 완성차 브랜드와 거래 성과로 입증되는 경우가 대부분이다.

하지만 CES에서 흥미로운 움직임이 감지됐다. 자동차 부품 또는 전
장 기업들이 앞다퉈 부스를 만들면서 내세운 솔루션이 고정 관념의
변화를 보여주었기 때문이다. 자율주행차가 거리 위를 달리는 가까운
미래를 구체적으로 그려보는 데 있어 소위 '협력사'들의 파워가 만만
치 않았다는 점이다.

그중의 하나가 일체형 박스 형태의 자율주행 셔틀 콘셉트카다. 자율
주행차가 일반화되면 소비자들이 직접 차를 구매하기보다 공유하는
시장이 활성화될 것이란 전망은 이미 오래전부터 기정사실처럼 받아
들여졌다. 이런 움직임 속에 완성차 업체들 역시 지난 수년 동안 다양
한 기술을 이미 소개한 바 있다. 하지만 최근에는 부품사들이 완성차
업체들의 굴레에서 벗어나 스스로 새로운 이동 수단 제조에 뛰어들
수 있음을 강하게 시사했다. 비록 완전한 독립을 직접 언급하진 않았
지만 가능성은 열어 둔 셈이다.

자율주행 셔틀에 대한 구체적인 논의를 시작한 건 아이러니하게도
세계 최대 완성차 회사로 손꼽히는 토요타였다. 토요타는 CES에서 'e-
팔레트'라는 콘셉트카를 소개한 바 있다. 'e-팔레트' 콘셉트의 핵심은
이동과 물류, 판매 등 다양한 서비스에 대응해 동력계 위에 얹혀지는
공간을 유연하게 구성할 수 있다는 점이다. 최종 이용자가 원하는대
로 버스 형태의 셔틀부터 배달, 물류 운송 등 다양한 형태의 공간을 만
들어 결합할 수 있는 솔루션을 제시하며 당시 자동차업계에 큰 반향
을 불러왔다.

토요타가 제안한 것처럼 박스형 자율주행차의 공통점은 거주 공간

과 동력의 분리가 가능하다는 점이다. 전기모터로 움직이는 이동 플랫폼 위에 각 사업자가 원하는 대로 구성한 박스를 얹어 기능별 이동 수단을 만들 수 있다. 기존 완성차에 자율주행 기술을 접목하는 게 아니라 누구라도 기술만 있다면 기존에 없었던 이동 수단을 만드는 사업에 참여할 수 있다는 이야기다.

지금까지 완성차에 대한 자율주행차 논의는 조심스러웠다. 자율주행차 시대가 도래해도 기존 완성차기업의 변화는 천천히 진행되고, 그만큼 협력사 또한 완성차 제조사에 의존할 수밖에 없어서다. 그러나 자율주행차 시대가 눈앞으로 다가온 지금, 오히려 부품사들이 '협력사'란 이름에서 벗어나 미래 이동 수단에 대한 독립 열망을 표현하고 있다. 비록 공식적인 입장은 '기존의 협력 관계를 강화하겠다'라는 메시지를 견지하고 있지만 말이다.

많은 부품사에게 완성차 개발 및 생산은 엄두를 내지 못했던 사업이다. 게다가 시장에 뛰어들어도 거대 완성차회사의 견제를 피할 수 없었던 만큼 굳이 할 필요를 느끼지 못했다. 하지만 이제는 조금 달라지고 있다. 새로운 시대에는 새로운 이동 수단이 필요하고, 미래 이동 수단은 누구나 제조 가능한 분야로 바뀔 수 있다. 그러니 부품사도 이제는 미래를 대비해야 한다. 완성차 공급만 바라보다가는 도태만 빨라질 뿐이다.

통신 기업도
전기차를 만드는 시대

아마존과 같은 물류기업이 유지비용 감소 측면으로 전기차 시장에 진출하자 요즘에는 통신 및 전자기업으로 일컬어지는 IT기업의 전기차 진출도 잇따르고 있다. 특히 전기차 진출에 적극적인 IT기업은 기존 완성차업체의 영향에서 벗어난 곳이 많아 향후 자동차시장의 새로운 경쟁자로 주목받고 있다.

대표적인 곳이 중국의 화웨이와 ZTE다. 얼마 전 로이터는 화웨이가 창안자동차 공장에서 전기차 생산을 준비 중이라고 보도했다. 우리에게 창안자동차는 PSA, 스즈키, 마쓰다, 포드 등의 중국 내 합작 파트너로 알려져 있다. 화웨이가 전기차를 개발하면 창안자동차가 제품을 만들어주는 방식이다. 물론 개발 과정에서 실차 시험 및 평가 등은 창안자동차의 도움을 받겠지만 프로젝트가 성공한다면 '화웨이' 브랜드의 독자적인 전기차가 나오는 것이어서 애플도 주목하고 있다. 그러자 이번에는 중국의 통신장비업체인 ZTE가 EV 생산라인 전담팀을 구성한다고 밝혔다. 물론 여기서 'EV'가 완성차인지 아니면 부품공급 라인인지 정확하게 설명하지는 않았지만 중국 내에선 배터리 전기 완성차로 보는 시각이 대부분이다. 부품 공급이라면 지금도 얼마든지 수행하거나 할 수 있어서다. 이 두 기업 외에 앞서 바이두 또한 EV 자체 개발 계획을 발표했고 드론으로 유명한 DJI도 자율주행 기술을 추진하고 있다. 중국이 글로벌 전기차의 선두 국가에 올라서려는 욕구가 강한 만큼 전통적 개념의 완성차회사 외에 중국 내 다양한 IT기업들의 움직임도 빨라지는 셈이다. 그간 진입장벽이었던 내연기관의 입지가 축소되면서 물류에 이어 통신기업의 자동차 시장 진출도 한층 쉬워졌다는 의미다.

비록 중국 기업들의 행보라 하지만 국내외 관련 기업들의 시각은 예사롭지 않다. 어차피 전동화된 자율주행의 흐름이 지속된다고 가정할 때 이동 수단은 모든 기술이 모이는 최종 단계의 종합 결정체로 여겨지고 있어서다. 이동에 필요한 동력을 전기로 수행하고 이동할 때 자율적으로 움직이려면 통신, 사물 인식 하드웨어, 소프트웨어 알고리즘 등이 반드시 필요한 탓이다. 이 가운데 휴대폰 제조 및 통신사는 이용자의 증가를 전제로 미래 지속성이 담보된다는 점에서 자동차를 또 하나의 통신 디바이스로 탐을 내는 상황이다. 애플 또한 같은 맥락에서 완성차 사업을 검토할 수밖에 없다는 점이 이를 방증한다. 휴대폰을 만들거나 통신망을 제공하는 IT기업이 지금보다 성장을 위해선 '모빌리티 Mobility' 진출이 불가피한 선택인 셈이다.

이런 흐름을 한국에 비유하면 삼성 및 LG전자, KT, SKT 등이 전기 완성차 시장에 뛰어든다는 것을 의미한다. 통신으로 사물을 연결할 때 자동차를 포함시키면 그만큼 통신 이용자가 증가할 수 있다. 물론 이미 통신이 가능한 스마트폰을 자동차에 연결하기도 하지만 통신사 시각에선 자동차에도 각각의 통신이 연결되는 것을 원하기 마련이다. 게다가 스마트폰 제조사도 자동차에 스마트폰과 다른 형태, 예를 들어 태블릿 등이 탑재될 수 있다면 이 또한 스마트폰의 영역 확장이다. 그럼에도 당장 국내 전자기업 등이 전기차 시장 진출을 까다롭게 저울질하는 이유는 현대차·기아 등 기존 거대 완성차기업에 여러 부품을 공급하고 있어서다. 시장 진출이 알려질 경우 자동차 시장의 새로운 경쟁사가 나타나는 것이어서 공급이 제한될 수 있음을 우려한다는 얘기다. 반대로 중국 내 ZTE나 화웨이 등이 자동차 진출을 선언한 것은 그만큼 완성차기업에 부품을 공급하는 기업이 적다는 것과 연결된다.

전동화는 기존 완성차에 핵심 부품을 공급하는 기업들의 시장 진출도 이끌어내고 있다. 컨티넨탈, 보쉬, 셰플러 등이 대표적인데 누구나 전기차를 만들 수 있는 시대이기 때문에 이들은 완성차에 대한 부품 공급은 물론 직접 완성차까지 만들어 모빌리티 서비스에 투입한다는 계획을 세워둔 상황이다. 이 경우 오랜 시간 완성차기업이 주도했던 '이동 권력'이 흔들리고 산업의 지형도까지 바꿀 수 있다. 한마디로 자동차기업 외에 물류, 통신, 휴대폰 제조 등 다양한 분야의 기업들이 전기차에 뛰어들어 이른바 '전기차 춘추전국시대'로 전환 중이다.

물론 이를 방어하려는 완성차기업의 행보도 빠르다. 배터리 전기차는 최대한 선점 효과를 위해 빠르게 시장을 확대 중이며 동시에 수소 전기로 바꾸려는 노력도 한창이다. 바퀴 동력을 수소전기로 전환하면 배터리 전기차 진입이 차단되는 효과가 나오는 탓이다. 게다가 '모빌리티'로 명명된 교통사업의 직접 참여도 활발하다. 이동 수단을 만드는 곳이 직접 사람 또는 화물을 유상 이동시켜 주면 자동차 판매 및 운행 수익을 모두 확보할 수 있어서다. 당연히 기존 교통사업자는 반대하겠지만 누군가 완성차 시장에 도전하면 자동차회사도 다른 영역으로 들어갈 수밖에 없다. 이 과정에서 상당한 갈등이 벌어지겠지만 환경 변화와 기술 발전이 멈추지 않는 한 이는 막을 수 없는 흐름인 것 같다.

SK도
전기차를 만들까

모빌리티 사업을 한마디로 정의하라면 이동이 필요한 사람 또는 물건을 '이동시켜 주는 행위'로 볼 수 있다. 그러자면 이동의 성격이 먼저 규정돼야 한다. 쉽게 보면 '어떤 이동 수단으로, 무엇을, 어떻게 이동시켜 줄 것인가'의 질문이 핵심이다. 따라서 모빌리티 비즈니스를 굳이 구분하자면 이동 수단을 만드는 제조와 물건의 성격에 따라 이동을 시켜주는 물류, 그리고 인공지능 등이 포함된 방식으로 이동의 효율을 높이는 이동 경로 등으로 나눠진다.

그 가운데 스타트업 등이 손쉽게 진출 가능한 시장은 물류와 이동의 효율을 높이는 경로 분야다. 다시 말해 A에서 B까지 이동할 때 얼마나 편리하게 이동시킬 것인가를 고민하면서 지금의 다양한 앱이 등장한 셈이다. 음식이 필요한 사람에게 음식을 만드는 사람을 연결하고, 2륜 이동 수단으로 배달을 해주는 게 대표적이다. 또한 필요한 물건이 있다면 앱으로 주문하고 이동은 '화물'로 분류되는 이동 수단을 통해 주문자에게 전달해주는 것도 같은 맥락이다. 그렇다보니 '이동 사업'의 확장성은 무궁무진하다. 이동이 필요한 물건의 종류와 용도, 기능에 따라 다양한 이동 방식이 만들어질 수 있고, 사람 또한 거리 및 용도에 따라 이동 수단과 이동 방식이 얼마든지 넓어질 수 있다. 가까운 마트를 갈 때와 멀리 공항을 갈 때, 또는 여행을 갈 때 선택되는 이동 수단과 방식이 같지 않기 때문이다.

반면 오랜 시간 이동 수단을 만들어왔던 곳은 대부분 대기업이다. 이동 수단을 제조한다는 것은 막대한 투자가 뒤따를 수밖에 없으니 말이다. 특히 이동에 필요한 동력이 화석연료 기반의 내연기관에서 만들어진다는 점은 스타트업에게 일종의 장벽이나 다름없다. 따라서 이동 방식을 바꾸려 해도 이동 수단이 바뀌지 않는 한 접근은 불가능했다.

물론 이동 수단 제조 또한 세분화돼 왔다. 전자제품을 만드는 곳과 이동 수단을 만드는 곳이 달랐고, 이동 수단 또한 내연기관으로 네 바퀴가 달린 자동차를 만드는 곳과 같은 내연기관으로 두 바퀴 이동 수단을 만드는 곳이 달랐다. 더불어 동일한 네 바퀴가 달렸어도 기능에 따라 농업용, 건설용 등 제조사도 구분됐다. 시장 규모 면에서 '자동차'의 비중이 월등히 높아 일반적으로 자동차를 대표 이동 수단으로 여기지만 내연기관, 바퀴, 조향 등의 기계적 본질은 크게 다르지 않다. 예를 들어 현대차와 두산중공업, 대동공업 등은 각각 일반 승용차와 건설중장비, 농업용 기계를 만드는 곳이지만 이들의 공통점은 만드는 동력발생장치가 화석연료 기반의 내연기관이라는 사실이다. 차이가 있다면 용도일 뿐 기계적 본질은 같다는 뜻이다. 그러니 생각을 조금 바꾸면 현대차도 건설 및 농기계를 만들 수 있고, 대동공업이 자동차를 제조할 수 있으며, 두산중공업도 얼마든지 다른 기능의 이동 수단 제조에 나설 수 있다. 그럼에도 그간 하지 않은 이유는 성공 가능성이 낮아서일 뿐이다. 시장 환경이 변하면 진출 기회는 얼마든지 열려 있는 셈이다.

그런데 최근 동력발생장치로 내연기관의 힘이 조금씩 빠지고 있다. 물론 여전히 막강하고 글로벌을 지배하는 주력 에너지가 석유라는 점에서 내연기관이 쉽게 바뀌지 않겠지만 분명한 것은 기름을 전기로 바꾸려는 행보가 점차 뚜렷해진다는 점이다. 비록 속도가 늦어도 기름을 대체해야 한다는 공감대가 글로벌에 형성되고 있어서다. 그 결과 내연기관을 자동차의 심장으로 사용했던 이동 수단 제조사 또한 동력을 전기로 서서히 바꿔 가는 중이다. 이른바 '동력 전환의 시대'가 도래한 셈이다.

그러자 내연기관을 진입 장벽으로 여겼던 수많은 기업들이 꿈틀대고 있다. 다시 말해 '동력 전환 시대'가 이동 방식을 고민했던 기업에게 필요한 이동 수단을 직접 만들 수 있는 기회를 제공하기 때문이다. 화석연료로 움직이다 전력으로 바뀌는 순간 이동 수단은 전자제품에 가까워지고, 이 경우 에너지 지배자는 기름이 아니라 전력이다. 그리고 전력은 내연기관의 연료탱크처럼 담을 수 있는 배터리가 필요하다는 점에서 기름 회사 또한 배터리 관심이 높을 수밖에 없다. 실제 글로벌 석유기업인 BP가 이미 BEVBattery Electric Vehicle를 제조, 온라인 쇼핑몰 공룡인 아마존에 제공한다는 점은 에너지 기업의 이동 수단 제조를 보여주는 사례로 꼽히기도 한다.

에너지기업뿐 아니라 전자기업 또한 마찬가지다. 전기동력 전환은 이들 또한 '이동' 사업 진출 가능성을 얼마든지 높여주기 때문이다. 이동 수단을 구입, 이동사업교통을 하는 것이 현재까지 형태였다면 앞으로는 이동 수단 제조사가 직접 이동사업을 하고, 이때는 이동 수단 제조사가 시장의 주도권을 가질 수밖에 없다. 따라서 제조 시설을 보유한 곳이라면 전기동력 기반의 이동 수단 제조 쪽으로 기울어지기 마련이고, 그중의 하나가 바로 배터리다.

그래서 SK의 행보를 눈여겨보는 이가 많다. 2020 CES 현장에서 이미 '모빌리티'를 들고 나온 점도 미래에 이동 수단 제조를 염두에 둔 걸음이라는 분석이다. 게다가 SK텔레콤이 내비게이션에 인공지능을 심어 이동 과정에서 에너지 낭비를 막는 것도 모빌리티사업 가운데 하나인 만큼 배터리를 만드는 곳이라고 이동 수단 제조에 나서지 않을 이유도 없다. SK이노베이션이 내놓은 바스BaaS 개념도 결국은 이동 수단에 필요한 배터리 제공이 핵심이니 말이다. 다시 말해 배터리 중심의 전동화 시대를 만들기 위해 SK가 직접 이동 수단 제조에 나서는 것이 결코 어려운 일은 아니라는 뜻이다. 결과적으로 다가올 미래에 현대차의 경쟁자는 누가 될까? 삼성전자 또는 LG전자 등의 전자제품기업일 수도 있지만 SK 등의 석유기업도 충분히 될 수 있다는 뜻이다.

애플카,
왜 어려울까

애플과 현대차의 전기차 개발 협업에 대한 기대가 한동안 화제가 됐다. 당시 양사의 협업을 바라보는 시각은 당장 계약서에 도장을 찍을 것으로 보는 것과 결코 그렇지 않을 것이라는 전망이 팽팽했다. 현대차 그룹이 애플카 생산과 관련한 협력을 강력 부인하며 이슈는 일단락됐다. 하지만 이와 같은 IT업체와 자동차 제조사의 협업은 언제든 논의될 수 있음을 시사했다는 점에서 의의가 있다. 미래 모빌리티로 향하는 과정에서 둘의 협업은 필수적이며, 점차 IT업체와 자동차 제조사의 행보가 겹쳐지고 있음을 나타낸다.

전문가들은 애플이 아이폰을 대만 폭스콘에 위탁 생산한다는 점에서 애플카 역시 위탁 생산을 맡길 것으로 내다봤다. 그럼에도 단순히 생산만 맡긴다면 중국이나 인도 업체와 손잡을 수 있지만 자동차는 여전히 제조 기술이 중요한 산업이어서 전통적으로 자동차를 생산해온 제조업체와 협업할 것으로 분석했다. 하지만 기존 제조사들이 이를 받아들일 가능성은 낮다고 예상했다. 자동차는 생산뿐 아니라 유통과 판매 과정에서 나오는 수익 또한 적지 않아서 제조사들이 이를 포기할 리 없다고 생각한 것이다.

위탁 생산의 가능성이 떨어진다는 점에서 애플과 완성차 브랜드의 합작 법인 설립을 예측하기도 했다. 양사가 법인을 별도로 설립해 새로운 차를 만들어 진출하는 방식이다. 이 경우엔 제조사가 제조 기술 및 플랫폼을 제공하고 애플은 AI와 자율주행 알고리즘 등을 공급해 제품을 만든다. 뼈대에 해당하는 전기차 플랫폼은 제조사의 것을, 두뇌에 해당하는 자율주행과 인공지능, 운영체제OS 등은 애플 것을 활용하는 방법이다. 애플로선 구글 안드로이드와 달리 독자적인 OS를 사용해온 만큼 현실성이 높아 보였다. 하지만 이는 데이터의 주도권을 애플이 가지게 되는 셈이어서 제조사들이 받아들이기 어려운 제안이다. 게다가 최근 완성차 제조사들도 자율주행 등의 지능 고도화에 상당한 투자를 단행하며 수준을 높여가고 있다.

때문에 전문가들은 합작을 해도 자동차 제조사가 얻어갈 것이 별로 없다고 한다. 애플의 브랜드 가치와 충성도 높은 일부 고객을 확보하는 것 이상은 기대하기 어렵다는 것. 박재용 자동차평론가는 "미래 경쟁사가 될 수도 있는 애플에게 전기차 플랫폼을 공개하고, 자율주행 등 빅데이터를 확보하기 용이한 운영체제를 넘겨주는 것은 오히려 제조사에 불리한 부분이 될 수 있다"고 내다봤다. 그리고 실제로 애플과 접촉한 여러 자동차 제조사들이 이 부분에서 협업이 불가능함을 시사했다고 한다.

자동차 제조사로서 가장 좋은 협업은 애플과 손잡고 '스페셜 에디션'을 내놓는 일이다. 전기차 일부 차종에 애플 IOS를 입힌 '애플카 라

애플과 현대차가 협업한다면?

인업'을 만드는 것이다. 이 경우 애플은 일부 공급사일 뿐 제조사와 대등한 관계가 형성되지 않는다. 따라서 애플은 오히려 애플 에디션을 원할 가능성이 높고 역시나 이 과정에서 제조사와 애플의 주도권 싸움은 불가피하다. 예를 들어 둘이 손잡고 제품을 개발했을 때 현대차가 원하는 것은 '아이오닉5 by 애플'이지만 애플은 '애플카 by 현대차'일 수 있다.

자율주행과 전기차 시대로 넘어오면서 자동차와 IT기업의 영역 구분은 점차 흐려지고 있다. 오늘의 아군도, 내일의 적군도 없는 전쟁터에서 관련 기술의 융복합과 업체 간 협업은 다양하고 복잡하게 이뤄지는 중이다. 이런 시점에 현대차와 애플의 협업 얘기가 흘러나왔으니 파장이 적지 않았던 것이다. 애플은 현대차 외에도 기아, 닛산을 비롯해 인도 및 중국 브랜드에도 손을 내밀었던 것으로 알려졌다. 과연 애플은 위탁 생산 업체를 찾을 수 있을까. 표면적으로는 흥미로운 협업일 수 있지만 파고들면 절대적 방어선 또한 만만치 않은 그림이다.

결국 완성차 제조에
발 걸친 우버

지난 2015년 영국 런던에 설립된 어라이벌Arrival의 설립자는 데니스 스베르들로프다. 발명가이자 IT 전문가로서 여러 기업을 만들고 성공과 실패를 경험했던 사람인데 전기 상용차 개발을 위해 세운 어라이벌은 러시아에서 성공을 거둔 모바일 서비스기업 요타Yota의 매각 자금으로 만들었다. 어라이벌 설립 당시 그는 세계 최초 자율주행 전기차 경주인 '로보레이스Roborace'를 만들며 미래에 대한 자신의 확신을 드러내기도 했다.

이후 2020년 어라이벌은 미국 노스캐롤라이나 샬럿에 북미 본사를 설립했고 2022년부터 전기 밴VAN 및 버스 등의 상용차를 생산하기 위해 필요한 시설을 구축했다. 이에 앞서 2019년에는 GM의 전기차 글로벌 전략담당이었던 마이크 앱레손을 영입해 제품 상용화 가능성을 높였는데 이를 눈여겨본 곳은 현대차·기아다. 그리고 현대차그룹은 2020년 어라이벌에 1,300억 원을 투자해 전기 상용 플랫폼 선점에 나섰고 물류기업인 UPS 또한 어라이벌과 투자 및 파트너십을 맺고 자율 전기 상용차 도입에 기대를 나타냈다. 물류 비용에서 인건비를 절감해 수익을 극대화하겠다는 전략이다.

그런데 외형적으로 상용 전기차에 매진하던 어라이벌이 이번에는 승용과 상용 개념을 섞은 복합 개념의 전기차 도전에 나섰다. 우버UBER와 손잡고 맞춤형 EV 개발에 합의한 것이다. 어라이벌이 우버 전용 전기차를 만들고 우버는 해당 차종을 우버 운전자에게 판매하되 제품 대금은 우버 운전자의 유상운송 서비스를 통해 충당한다는 내용이다. 이에 따라 어라이벌은 소형차플랫폼Small Vehicle Platform을 만들고 우버는 이 차를 필요에 따라 여객 또는 소화물용으로 활용하게 된다.

이런 과정에서 어라이벌이 추진한 생산 전략은 작은 공장, 맞춤 공급이다. 작은 공장에서 필요한 수량만을 생산해 현지에 공급하는 방식이다. 이를 위해 어라이벌은 전기차의 모듈화를 적극 추진하고 부품수를 최대한 줄여 생산 비용을 줄인다는 방침이다. 그래야 각 나라별로 천차만별인 승차 공유 서비스에 대응 가능한 전용 차종을 공급할

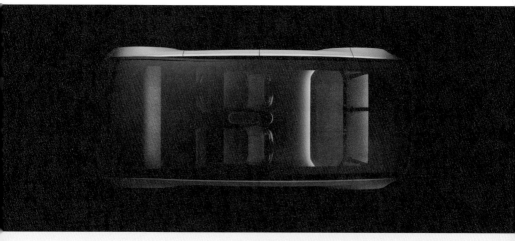

우버와 어라이벌의 파트너십으로 탄생한 전기 이동 수단

수 있게 된다.

그런데 우버와 어라이벌의 파트너십은 사실 새삼스러운 일이 아니다. 앱 기반의 승차 공유기업 또한 궁극적으로는 직접 공급이 가능한이동 수단이 필요하기 때문이다. 지금은 자동차회사에서 완성차를 구입한 소유자와 이동이 필요한 사람을 연결하는 것에 그치지만 완성차회사 또한 승차 공유 서비스에 진출하는 것은 시간문제다. 게다가 이미 제품을 판매해 수익을 취한 자동차회사는 동일한 거리를 이동할 때 요금에서 가져가는 수수료를 앱 기반 승차 공유기업보다 적게 받을 수 있어 이동 서비스 공급자 확보에 유리한 위치를 점하게 된다. 따라서 이용자와 공급자를 연결하고 수수료를 가져가는 우버로선 자동차회사의승차 공유 진출이 부담이고 이를 대비해 우버 전용 이동 수단을 만들어서비스 공급자에게 대여 또는 판매하는 전략을 가져갈 수밖에 없다.

우버가 어라이벌로부터 제품을 구매해 소비자에게 되파는 방법은 간단하다. 선수금 없이 전액 할부로 제공하고 납입금은 이용자를 태워 벌어들이는 소득에서 차감하면 그만이다. 우버는 안정적인 이동 서비스 공급자를 확보하고 우버 전용차종 구매자는 할부금 납입이 끝나면 해당 제품을 개인 소유로 바꾸면 된다. 궁극적으로 우버는 서비스 공급자 확보, 수수료 취득, 금융이자 등을 취할 수 있다.

이렇게 오랜 시간 분리됐던 자동차 제조와 운행의 영역은 결국 섞이기 마련이다. 자동차회사가 유상운송 시장에 진출하고 IT기업은 위탁제조, 판매, 유상운송을 예비 사업으로 생각하기 때문이다. 이는 자동차가 사고 파는 제품이기도 하지만 운행으로 수익을 창출하는 이동수단의 성격을 동시에 갖고 있어서다. 전통적 관점에서 자동차 제조와 IT 영역의 제조 장벽은 이미 무너지기 시작됐다.

폭스바겐그룹의
플랫폼 공유 실험

2019 스위스 제네바모터쇼 현장에서 거대 자동차제조사와 이제 막 전기차를 만들겠다며 선언한 조그만 스타트업이 흥미로운 자리를 만들어냈다. 먼저 연간 1,000만 대를 넘게 생산하는 폭스바겐그룹의 허버트 디이스 회장이 연단에 올랐다. 그는 "폭스바겐그룹이 유럽의 전동화 전략을 주도할 것"이라며 "MEBModular Electric Drive Matrix 플랫폼 위에 만들어진 ID. 버기는 올해 말 시장에 선보일 e-골프로 발전하고, 티구안 크기의 SUV 비전Vision 역시 주요 플랫폼이 될 것"이라고 언급했다. 나

아가 전기버스 개발도 승인을 받았다며 해치백, 세단, 멀티버스까지 이르는 핵심 전동화 제품을 보유할 수 있게 됐다고 강조했다.

이때 사회자가 플랫폼 공개 여부에 대한 질문을 던졌다. 그러자 디이스 회장은 주저 없이 "전동화 세상에선 엔진 실린더가 몇 개인지, 변속기와 기어박스가 어떤 것인지 중요하지 않다"고 전제한 뒤 "하나의 플랫폼을 다양한 제조사가 활용토록 하는 것이 핵심"이라고 말했다. 소형차부터 버스까지 적용 가능한 동일한 플랫폼으로 더 많은 전기차를 만드는 것이 낫다는 의미다. 그래서 필요한 경우 경쟁사에게도 플랫폼을 제공하겠다는 의지를 천명했다.

뒤이어 폭스바겐 MEB 플랫폼의 첫 고객으로 귄터 슈Günther Schuh 교수가 소개됐다. 슈 교수는 자동차 생산 전문가이자 모빌리티 스타트업 '이고e.GO'의 창업자로 제네바모터쇼에 직접 제조한 원박스 자율주행 승합차를 출품해 주목을 끌었다. 슈 교수에게 사회자가 물었다. "디이스 회장이 먼저 손을 내민 것인가?" 그러자 슈 교수는 "소량 생산이 가능한 이고의 아이디어와 폭스바겐 플랫폼이 만나 다양한 모빌리티가 생산된다는 상상이 현실이 될 것 같다"고 말했다.

그러고 나서 디이스 회장은 직접 플랫폼 제공에 대한 배경을 말했다. 그는 "이고는 소량 생산 능력을 가진 기업이고 폭스바겐그룹은 1,000만 대를 만드는 곳"이라며 "특정 이동 수단이 필요한 곳에 대응하는 능력은 소량 생산 기업이 유리한데 이때 플랫폼을 폭스바겐이 제공하는 것은 '윈-윈'이자 전동화의 대중화를 앞당길 수 있는 방법이라 생각했다"고 강조했다.

그런데 폭스바겐그룹의 이 같은 플랫폼 공유는 그룹이 밝힌 미래

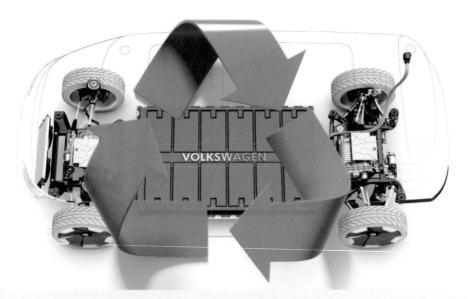

공유를 선언한 폭스바겐 MEB 플랫폼

전략의 단계별 접근과 무관치 않다. 지난해 6월 독일 하노버에서 열린 세빗CEBIT 박람회에서 폭스바겐그룹은 미래 모빌리티 서비스 완성을 위해 5단계 전략을 내놓은 바 있다. 1단계는 자율주행 시스템의 공급자이고 2단계는 시스템 제공자, 그리고 3단계는 자율주행 이동 수단의 대량 생산 및 활용, 4단계는 모빌리티 공급자, 마지막은 컨텐츠 공급자로 가겠다는 뜻을 분명히 했다. 이 가운데 플랫폼 공유는 3단계로 가기 위한 하드웨어의 접근이다. 폭스바겐그룹이 모든 제품을 만드는 게 아니라 전동화 시대에는 아이디어 제품을 만드는 스타트업에게 플랫폼을 제공하고, 궁극적으로 폭스바겐 제품 DNA를 확산시키는 것이 중요하다는 것. 굳이 'VW' 엠블럼을 달지 않아도 폭스바겐 DNA가 들어가야 그룹이 지향하는 미래 이동 수단 플랫폼 공유 시대가 열리고, 이때 핵심인 자율지능을 넣으면 폭스바겐그룹 주도로 모빌리티 서비스를 완성할 수 있다는 계산이다.

이 자리에서 '이고'의 슈 교수 또한 비슷한 맥락의 메시지를 전달했다. 작은 기업은 제조량이 적어 많은 것을 비싼 가격에 살 수밖에 없지만 폭스바겐그룹과 플랫폼 협력을 하면 저렴하게 조달이 가능해 경쟁력이 커진다고 말이다. '이고'가 전동화 된 자율주행 셔틀로 이동 서비스를 제공하는 것 자체가 폭스바겐과 경쟁하는 게 아니라 서로 부족한 부분을 메워주는 역할이고, 이 경우 폭스바겐그룹이 해당 제품을 생산하기보다 소량 생산 및 개발에 특화된 기업이 생산하도록 한다는 것이다.

이 광경을 목격하면서 국내에서도 모빌리티 기업들의 활성화를 위해 플랫폼 공유가 가능한지를 떠올렸다. 이미 여러 중소기업이 전기차 관련 기술을 보유하고 있지만 플랫폼이 없어 개발은 엄두조차 내지 못하는 곳이 적지 않다. 정부가 특정 기업의 기술 개발이 아니라 필요한 모빌리티를 누구나 만들 수 있도록 전기차 공용 플랫폼 개발을 지원하고, 여기서 나온 결과물을 스타트업 누구나 변형해 사용할 수 있도록 협업하는 방식이라면 국내에서도 충분히 모빌리티 기업의 활성화가 가능하지 않을까 싶다. 이동의 성격에 따라 필요한 이동 수단도 달라지는 세상이고, 그 자리를 스타트업들이 메우도록 하는 협업 가능성을 폭스바겐그룹이 먼저 보여주었으니 말이다. 그리고 최근 현대차그룹도 E-GMP라는 전기차 전용 플랫폼을 내놨다. 이를 공유할 것인가 역시 궁금할 따름이다.

02 📍

생각하는 자동차

자동차 vs 사람,
누구의 운전이 안전한가

흔히 운전자 지원 기능으로 불리는 'ADAS Advanced Driver Assistant System' 는 말 그대로 운전 역할을 자동차가 일부 대신하는 기능이다. 일정 구간에서 차선을 넘지 않되 앞 차와 간격을 유지하며 가다 서다를 반복하는 복잡한 도로에선 잦은 페달 작동의 불편함을 덜어줘 편리하다. 따라서 ADAS는 '자율주행'으로 가는 과정이라는 점에 빗대 '부분 자율주행' 기능으로 불리기도 한다.

물론 통칭하는 용어는 같을지라도 실제 기능의 완성도는 회사마다 조금씩 다른 게 일반적이다. 사람마다 '인식-판단-제어' 능력이 다른 것처럼 제조사 또한 기술력 및 방향성에 따라 기능의 차이가 존재하기 때문이다. 그래서 부르는 이름도 슈퍼 크루즈, 스마트 센스, 오토파일럿, 프리 센스, 아이사이트, 파일럿 어시스트, 액티브 세이프, 드라이

빙 어시스턴트 프로, 세이프티 센스, 드라이버 컨피던스, 인컨트롤, 액티브 센스 등으로 천차만별이다. 같은 아파트라도 건설사마다 아파트에 다른 이름을 짓는 것과 같은 개념이다.

그럼 어떤 회사의 ADAS가 지능적으로 가장 앞서 있을까? 이를 알아보기 위해 미국 컨슈머리포트가 여러 가지 기준을 정하고 시험을 진행했다. 100점 기준으로 1위는 캐딜락의 슈퍼 크루즈(69점), 2위는 테슬라 오토파일럿(57점), 3위는 링컨/포드의 코-파일럿 360(52점), 4위는 아우디 프리센스(48점), 5위는 현대차 스마트 센스 및 기아 드라이브 와이즈(46점)가 비교적 상위권에 올랐다.

흥미로운 대목은 시험 항목별 결과다. 먼저 컨슈머리포트는 자동차가 스스로 주행할 때 차선을 잘 벗어나지 않는지, 그리고 앞 차와 거리

색다른 차원으로 실내를 해석한 메르세데스-벤츠의 자율주행차 '비전 F 015'

를 두며 안전하게 주행하는지를 평가했다. 이른바 '기능과 성능' 항목인데 여기에선 테슬라 오토파일럿이 10점 만점에 9점을 얻어 1위에 올랐고 캐딜락 슈퍼 크루즈는 8점으로 2위를 차지했다. 그리고 현대차는 5점으로 토요타와 같은 평가를 받았다.

자동차 스스로 운전하는 중이라도 운전자가 언제든 개입할 수 있도록 준비를 시키는 기능에선 캐딜락 슈퍼크루즈에 7점을 매겨 1위로 평가했고 현대차도 혼다, 링컨, 토요타, 스바루 등과 함께 4점으로 공동 2위에 올랐다. 반면 테슬라는 3점에 그쳐 하위권에 머물렀다. 비록 자동차 스스로 주행해도 만약의 사태를 대비하는 것이 안전하다고 여기는 정도에 따른 결과다. 실제 컨슈머리포트는 "제아무리 자동차가 운전을 잘해도 지속적으로 운전자를 모니터링하고 위험 요소가 발견되면 사람이 즉시 개입할 수 있도록 준비시킬 때 안전성이 확보된다"는 설명을 내놨다. 비슷한 항목으로 컨슈머리포트는 자동차 스스로 운전하다 위험한 도로라고 판단해 사람에게 운전을 건네주는 기능도 시험했는데 여기서도 캐딜락의 슈퍼크루즈가 8점으로 1위에 올랐고 현대차를 비롯한 전통적 개념의 자동차회사는 4점을 얻어 공동 2위를 차지했다. 하지만 테슬라는 볼보, 랜드로버, 벤츠 등과 함께 2점에 머물렀다. 1차적으로 자동차 지능이 높을수록 ADAS 기능 또한 뛰어나겠지만 결국 언제든 사람 운전자의 개입이 가능한 통로를 많이 열어두는 게 안전하다.

만일 운전 중 사람이 잠들었을 경우는 어떨까? 컨슈머리포트는 자동차가 위험성을 인식해 스스로 운전을 포기하고 사람에게 운전을 건네받으라고 신호를 보냈음에도 응답이 없을 때 제조사마다 설정한 기능을 파악했다. 여기서 핵심은 운전자 반응이 없을 때 자동차 스스로 얼마나 안전하게 방향과 속도 등을 제어하느냐다. 그 결과 대부분 속도를 줄여 멈추게 하거나 텔레매틱스 등으로 위급 상황을 알리도록 설계됐지만 안전하게 갓길에 정차하는 경우는 거의 없어 2차 사고의 가능성이 문제로 지적됐다. 또한 경고를 보낼 때 소리를 활용하지 않는 자동차는 안전성이 낮은 것으로 판단했다. 이 항목에서도 캐딜락의 슈퍼 크루즈가 9점으로 1위에 올랐고 닛산의 프로 파일럿 어시스트가 7점으로 2위를 차지했다. 테슬라는 6점으로 공동 3위를 기록했고 현대차는 4점에 머물렀다.

이런 종합적인 결과를 토대로 컨슈머리포트는 모든 제조사가 ADAS 기능을 강조하고 있지만 각 사마다 중점을 두는 방향이 조금씩 다른만큼 소비자도 해당 기능의 한계점을 알고 있어야 한다고 강조한다. 이어 시험을 맡은 켈리 펑크하우저 책임자는 "자동차회사의 ADAS가 고도화될수록 자동차 스스로 운전하는 시간이 길어지는데 그럴수록 운전자를 모니터링하는 능력도 높아져야 한다"며 "자율주행에서 '안전'이란 자동차와 사람 운전자가 수시로 운전을 건네받아야 확보되는 것이기 때문"이라고 설명한다. 한마디로 아직 자율주행이 완벽하지 않다는 점에서 ADAS를 맹신하지 말라는 경고와 다름없다. 이는 인식된 장애물 등을 회피하는 것은 자동차가 우월할 수 있어도 위험을 인지한 순간 인간이 떠올리는 다양한 회피 방법은 자동차가 아직 따라올 수 없다는 의미다. 결국 아직은 자율주행을 지나치게 믿지 말라는 중요한 경고를 보내는 셈이다.

사람의 뇌와 연결된 자동차,
통제는 인간이

자동차에서 인공지능은 이미 진행 중이다. 자동차 스스로 합리적인 판단을 내릴 수 있도록 센서를 통해 얻어진 정보는 인공지능 알고리즘에 따라 재빨리 분석되고 활용된다. 여전한 걸림돌은 판단의 정확성과 속도다. 여기서 속도는 하드웨어 발전으로 얼마든지 단축시킬 수 있다. 하지만 정확성은 조금 다르다. 연결된 정보가 확실하지 않으면 오판의 가능성이 커지기 마련이다. 특히 자동차처럼 움직이는 사물은 잘못된 판단이 가져올 위험성이 커서 더더욱 신중을 기할 수밖에 없다.

그래서 최근 실험적으로 진행된 프로젝트에는 인간 운전자의 뇌파를 읽어 자동차 스스로 한발 먼저 움직이는 기능을 구현한 것도 있다. 닛산이 선보인 'B2V Brain to Vehicle'로, 닛산의 별도 기술팀인 '인텔리전트 모빌리티 Nissan Intelligent Mobility'가 개발했다. 운전자 뇌에서 발생하는 뇌파를 자동차가 해석한 후 반응 시간을 줄이는 게 핵심이다. 운전자가 스티어링 휠을 왼쪽으로 돌리겠다고 생각하면 뇌파가 자동차로 전달돼 운전자가 실행하기 0.2~0.5초 정도 앞서 스티어링 휠이 왼쪽으로 회전하는 기능이다. 운전자가 속도를 줄이겠다고 생각하면 그보다 빨리 브레이크를 작동시키고, 정지 상태에서 출발 의지를 가지면 가속 페달을 밟기 직전에 차가 먼저 움직이는 식이다.

이처럼 닛산이 인간의 뇌파를 자동차와 연결하려는 이유는 바로 '인간' 때문이다. 사람의 생각이 자동차에 투영될 수 있다면 자율주행

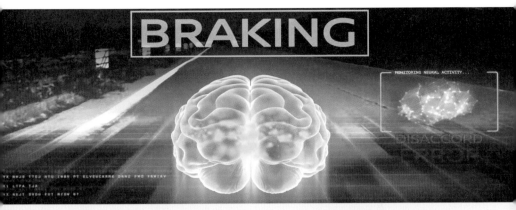

의 치명적인 오류가 가져올 위험을 줄일 수 있다는 설명이다. 예를 들어 자율주행으로 움직이다 장애물이 나타났을 때 오류가 발생하여 인식을 못한다면 인간 운전자가 수동으로 개입해야 한다. 그런데 이때 운전자가 멈춰야 한다는 생각만 해도 차가 멈춘다면 더 높은 수준으로 위험을 방지할 수 있다. 멈춰야 한다는 판단을 인간이 한 것이고, 뇌파를 통해 자동차에 지시한 것도 인간인 만큼 자율주행의 통제권이 사람에게 있다는 의미다. 다시 말해 자율주행에 대한 사람들의 믿음을 높이자는 차원이다.

이와 별개로 기본적으로 자율주행의 오류를 줄이려는 노력은 현재도 계속 진행형이다. 이를 위해 닛산은 'C-V2X Cellular-Vehicle to Everything'도 공개했다. 말 그대로 스마트폰과 자동차를 연결, 외부 정보의 연결성을 높이겠다는 의도다. 여기에는 자동차 제조사인 닛산을 비롯해 전장부품 분야의 컨티넨탈Continental과 통신 솔루션 제공기업 에릭슨

Ericsson, 그리고 통신 기업인 NTT 도코모NTT DOCOMO, Inc. 및 퀄컴Qualcomm 등이 참여했다. 스마트폰이 자동차를 외부로 연결하는 톨게이트라면 이곳을 통과하는 정보는 곧 자동차라고 비유될 수 있고, '5G'는 정보라는 자동차가 빠르게 오가는 고속도로인 셈이다.

앞선 사례처럼 자동차와 통신, IT기업이 손잡은 배경에는 미래 모빌리티 시장에서 결국 만날 수밖에 없는 업종 간의 융합을 한발 앞서 진행시켜 표준화하자는 합의가 있다. 실제 이번 협업의 목적도 참여 가능한 다양한 기업이 뭉쳐 미래 자율주행의 기술을 미리 확보하고, 이를 기반으로 규격화된 플랫폼을 구축한다는 게 목표다. 내용은 복잡하지만 한마디로 휴대폰을 자동차에 연결해 외부 정보를 가져오고 이때 자동차로 들어온 정보를 인공지능이 정확히 판단토록 하는 과정을 구현하겠다는 뜻이다. 이 경우 시범 사업의 결과가 곧 미래형 커넥티드카 시대를 준비하는 여러 산업계와 ITS 기구, 정부 부처에 영향을 미칠 수밖에 없다. 향후 글로벌 커넥티드카 생태계를 주도할 수 있다는 논리다.

C-V2X 기술은 현재 상용화를 위한 검증 단계에 있다. 이를 위해 자동차와 자동차Vehicle-to-Vehicle, V2V, 자동차와 인프라Vehicle-to-Infrastructure, V2I 그리고 자동차와 보행자Vehicle-to-Pedestrian, V2P, 자동차와 네트워크Vehicle-to-Network, V2N 구축이 한창이다. 그만큼 많은 기업이 연결에 미래의 존폐가 걸렸음을 인지한다는 뜻이다.

자동차는 모든 사물과 연결되지만 움직이는 순간에 대한 최종 판단은 인간이 하자는 방향성이 힘을 얻고 있다. 기술로 모든 것을 해결할 수 있지만 궁극적으로는 사람이 중요하고, 사람을 보호하고, 사람의 판단으로 움직임을 책임지는 모빌리티 사회를 구현하자는 흐름이다.

이런 맥락에서, 생각만으로도 움직이는 자동차를 현실 세계에서 볼 날도 멀지 않은 것 같다. 뇌파와 연결이 되면 이후 과정은 얼마든지 빠르게 전개될 수 있기 때문이다. 생각으로 움직이는 자동차가 어떤 세상을 만들지 알 수 없지만 생각만 해도 기대된다.

위치 따라 자동으로
동력이 바뀌는 시대

구동을 위한 배터리에 전력이 충분히 남아 있다. 고속으로 주행하다 GPS가 도심 진입을 인식하면 순간 자동적으로 내연기관 작동을 멈추고 전기 동력으로 전환된다. 그러다 전력이 떨어지면 다시 내연기관으로 움직이며 전력을 충전해 수시로 전기 동력을 구동 에너지로 사용한다. 이른바 자동 전기주행 전환 기능이다.

BMW가 2020년부터 PHEV에 적용한 'E-드라이브 존E-Drive zone'은 GPS가 배출가스 억제 구역으로 지정된 도심을 알려주면 이를 엔진이 인식해 내연기관을 정지시키고 전기차로 바뀌는 기능이다. 이 경우 도심 내 배기가스를 줄여 대기질 개선은 물론 운전자의 에너지 비용도 아낄 수 있다.

그렇다고 'E-드라이브 존' 기능이 매우 특별한 것은 아니다. 지정체가 반복되는 도심 운행 패턴이 인식되면 가급적 전기 모드를 쓰는 기능은 이미 대부분의 하이브리드카에 포함돼 있다. 배출가스를 줄이기 위한 공회전방지장치 등도 친숙한 기능이다.

그럼에도 BMW는 'E-드라이브 존'에 나름 의미를 부여하고 있다.

해당 기능으로 소비자와 환경을 동시에 생각하는 기업 이미지 개선을 기대하는 것 같다. 그리고 여기에는 이미 디젤 EGR 문제로 곤혹을 치렀다는 점도 배경이 됐다.

엔진 작동을 자꾸 멈추려는 움직임은 BMW뿐만은 아니다. 토요타는 2020년 북미 제품부터 '자동 엔진정지 기능'을 넣었다. 차가 운행을 중단하고 정지했을 때 미리 설정된 시간이 경과하면 엔진을 자동으로 멈추는 기능이다. 현재 토요타 제품에는 운전자에게 엔진 작동을 알려주고 끄도록 하는 2단계 경고 기능이 탑재돼 있다.

이처럼 내연기관 작동 시간을 줄이려는 이유는 오로지 배출가스 저감이라는 목표 때문이다. 연료를 태워 동력을 얻는 시대에 탄소 배출

도심에서 전기모드를 사용하는 BMW e드라이브 존

은 불가피한 것을 인류도 잘 알지만 여전히 친환경으로 불리는 전기에너지는 발전과 배터리의 소재 한계를 극복하지 못해 주력 대안으로 삼으려면 오랜 시간이 필요하다. 전기의 대체 수단으로 전기를 만들수 있는 수소를 주목하지만 마찬가지로 수소의 생산, 유통, 사용 등의전 과정이 구축되려면 아직 요원한 일이다. 전문가들조차 내연기관시대가 꽤 오래갈 것으로 전망하는 이유다.

그렇다면 지금의 내연기관 작동 시간과 역할을 최대한 줄여야 한다. 이를 위해 각 나라가 배출규제를 강화하는 중이며 제조사마다 미래지속 가능성을 위해 내연기관 작동을 멈추거나 역할 축소를 생존의방안으로 삼고 있다. 자동차 운행을 억제해 기름 사용을 줄이는 방법도 있지만 이 경우 산업발전을 가로막을 수 있어 그보다는 운행 중 배출가스 억제에 초점을 맞추는 셈이다.

현재는 위치 및 시간에 따라 자동으로 엔진을 멈추지만 해당 기능이 앞으로 어떻게 발전할지 결정하는 것은 제조사의 몫이다. 초점은이동하는 과정에서 최대한 내연기관의 작동 시간을 줄이는 게 핵심이다. 석유를 태우지 않는 것이야말로 궁극의 친환경이지만 현재 기준에서 석유를 태우지 않는 것은 이동 자체를 멈추자는 것이니 말이다.

모빌리티에서
'공간의 상품성'이란

최고 300마력의 내연기관으로 0-100㎞/h 도달 시간 '4초 미만'. 일반적으로 자동차회사들이 제품력 차별화를 위해 내세우는 숫자의 우월성이다. 소비자 또한 동일한 차급일 때 숫자에 일부 영향을 받기도 한다. 그래서 여전히 내연기관차의 제원표는 제조사가 소비자에게 제품력을 소개하는 수단이 아닐 수 없다. 물론 내연기관 외에 전기차라고 예외는 아니다. 회사마다 배터리용량과 전기모터 출력, 그리고 이동에 필요한 에너지 비용을 나타내는 전력소비효율, 다른 말로는 '전비電費'를 앞세운다.

그런데 이 같은 제원표 부각이 가능한 근본적 배경에는 운전을 사람이 한다는 전제가 숨어 있다. 그래서 제조사마다 소비자를 잡기 위해 효율 및 성능 등을 제원표에 넣어 장점을 앞세운다. 숫자를 어떻게 설정하느냐에 따라 제품을 대하는 소비자들의 생각이 달라지기 때문이다. 숫자보다 점차 브랜드 영향력이 커지며 제원표 역할도 위축되는 추세지만 그래도 제원표는 여전히 건재하다. 디자인과 브랜드 외에 경쟁 제품 대비 우월성을 드러낼 수 있는 것은 숫자이기 때문이다.

하지만 미래 이동 서비스 중심의 모빌리티 사회가 되면 '숫자'는 말 그대로 '숫자'에 머물 수밖에 없다는 게 전문가들의 일치된 견해다. 운전 자체를 사람이 하지 않기에 제원표는 살펴볼 필요도 없고, 공유 서비스로 소유 개념이 희석돼 구매력이 떨어져서다. 이런 이유로 미래 이동 수단의 상품성은 '공간'으로 옮겨갈 수밖에 없다. 운전을 하지 않는다면 자동차는 움직이는 실내 공간과 다름이 없다.

그래서 나온 개념이 '공간의 상품성commercial value of the space'이다. 이동할 때 사용되는 운송 수단이 얼마나 용도에 적절한가를 의미하는데, 운반되는 대상이 사물이면 그저 넓은 게 유리하겠지만 사람이라면 편안함을 너머 감정까지 배려하는 공간이 상품성으로 평가받을 수 있다

공간의 상품성을 높인 현대차 '아이오닉 5'

는 뜻이다. 예를 들어 우울한 기분을 바꾸기 위해 때로는 이동 공간이 클럽으로 변신해야 하고, 영화 감상실로도 활용돼야 한다. 물론 업무도 가능해야 한다.

따라서 자동차회사들이 추구하는 미래 모빌리티 상품성은 동일한 이동 수단의 용도별 제공이다. 예를 들어 폭스바겐그룹의 미래 이동 수단 '세드릭SEDRIC'은 스쿨버스용이 있고, 클럽 분위기를 발산하는 나이트라이프용도 있다. 또한 승차 공유 서비스에 활용되는 평범한 이동 수단도 마련돼 있다. 이외에 물건만 나르는 물류용도 있다.

이에 반해 IT기업들이 추진하는 모빌리티 전략은 기술을 기능에 맞취 실내가 바뀌는 다용도 모빌리티다. 버전을 나누는 게 아니라 하나의 이동 수단 안에서 여러 버전을 선택하도록 하겠다는 뜻이다. IT기업의 경우 전통적인 자동차회사처럼 제조 역량이 부족한 만큼 하드웨어를 바꾸기 쉽지 않아서다. 마치 영화 트랜스포머처럼 외관을 자유자재로 바꾸지는 못해도 실내는 얼마든지 바꿀 수 있다는 창작 개념이 더해진 것이다. 컴퓨터 배경화면을 기분에 따라 바꿀 수 있는 것처럼 말이다.

이처럼 모빌리티를 바라보는 자동차회사와 IT기업의 시각이 다르기에 상품성 향상 추구 방식도 조금 다르다. 제조사는 시트 배열 및 전환을 고민하지만 IT기업은 탑승자의 감정을 파악해 주는 게 상품성이다. 그래서 크기와 성능을 표시하는 것 외에 공간의 변신 항목이 상품성이 된다는 전망에 힘이 실리는 배경이다. 제원표에 표시된 '승차정원'이 '4~8인승'이라는 표시가 나올 수도 있다는 의미다. 인원 자체가 정해진 게 아니라 공간을 어떻게 활용하느냐에 따라 탑승인원은 수시로 변할 수 있다. 심지어 '4~11인승'이 나올 수도 있다. 이때 현재 자동차를 분류할 때 적용되는 '탑승인원' 기준은 어떻게 규정될 수 있을까. 제도의 뒷받침이 쉽지 않을 것 같다.

자동차가 자동차에
식사를 배달한다면

폭스바겐 세드릭SEDRIC, 토요타 이-팔렛트e-Palette, 벤츠 비전 어바네틱Vision URBANETIC과 같은 새로운 이동 수단의 등장은 이미 시작됐다. 물론 상용화는 아직이지만 기본적인 공통점은 운전을 자동차 스스로 하고 전기 배터리로 구동된다는 점이다. 또한 구동부문과 사람이 탑승하는 공간이 자유롭게 분리된다는 점도 같다. 여기서 눈여겨볼 대목은 '자율주행'이다. 많은 시간이 걸리겠지만 언젠가는 자동차 홀로 완벽 주행이 가능하다는 희망이 있다.

그래서 미래 모빌리티 사업은 크게 두 가지 방향으로 전개된다. 먼저 운전하지 않는 인간을 위한 다양한 서비스사업이다. 이동은 기본적으로 시간을 필요로 하는 만큼 자동차 안에서 무엇을 할 수 있을까를 고민하지 않을 수 없다. 이 때는 집에서 할 수 있는 모든 것이 가능하다. TV를 시청할 수도 있고 식사를 할 수도 있다. 가벼운 운동도 가능하다. 집에서 하는 '홈 트레이닝Home Training'이 이동 수단으로 오면 '모빌리티 트레이닝Mobility Training'으로 바뀐다. 오히려 흔들리는 자동차가 균형감을 키우는데 보다 효과적일 수도 있다. 완성차회사뿐 아니라 다양한 기업이 미래 자율주행 탑승자에게 제공 가능한 서비스 개발에 나서는 배경이다.

대표적으로 넷플릭스는 자율주행 시대에는 모빌리티가 넓은 스크린을 제공하는 하나의 영화관이 될 것으로 보고 있다. 또한 토요타는 이동 중 배가 고플 때 어딘가에 머물러 식사하는 게 아니라 이동하는 자율주행차로 직접 식사를 배달하는 방법도 연구 중이다. 물론 여기서 배달되는 음식은 고정된 주방에서 만들어진 게 아니라 주문과 동시에 조리 및 배달이 모빌리티에서 함께 이뤄지는 시스템이다. 자율주행 안에서 라면을 주문하면 조리용 자율주행차 안의 요리사가 라면을 끓이면서 주문자가 탑승한 차로 향하는 방법이다. 주문자는 방금 끓인 뜨거운

라면을 자신이 탑승한 자율주행차 안에서 바로 제공받는다.

병원진료 활용 방안도 연구된다. 차 안에서 건강 진단 후 전문병원으로 이동시켜 줄 수 있어서다. 이밖에 사무 공간의 활용 방안도 예외는 아니다. 현재 사업자를 내면 고정된 주소지가 있어야 하는데 자율주행 때는 사업자의 근거 주소지가 집이라도 관계없다. 각자 집에서 근무하다 미팅이 필요하면 자율주행을 불러 참여자들이 머무는 곳까지 순차적으로 이동해 모두를 탑승시킨 후 이동하면서 회의를 할 수 있다. 그 사이 다시 집으로 되돌아가는 것도 자율주행 이동 수단의 몫이다.

이동 공간의 다양화 및 이동하는 시간에 무엇을 제공할까를 고민하는 게 컨텐츠 서비스라면 또 다른 측면에서 바라보는 기본적인 관점은 '이동의 질'을 높이는 방안이다. 여기에는 누구나 이동이 쉬워야 한다는 배경이 작용한다. 그리고 이동 수단이 일종의 이동 서비스 플랫폼으로 진화한다는 의미에서 완성차업계는 이를 '모빌리티 서비스 플랫폼MSPF, Mobility Service Platform'으로 부른다.

기본적으로 MSPF가 제공 가능한 이동 서비스는 대상에 따라 크게 대기업B2B, 중소기업B2B2C, 정부B2G, 개인B2C 등의 네 가지로 분류된다. 그중에서 주목할 점은 정부와 개인이다. 정부를 대상으로 이동 서비스를 제공한다는 것은 인구 고령화에 따른 교통약자들의 이동권 보장 차원이다. 이동이 어려운 국민들을 위해 정부가 기업의 자율주행 모빌리티를 활용해 이동 복지를 제공하도록 만드는 일이다. 그리고 개인은 택시 서비스의 활성화다. 여기서 '택시'란 일반적인 '택시'가 아니라 A에서 B까지 이동할 때 비용을 받는 모든 '유상운송 서비스'의 개념을 의미한다. 그래서 MSPF 관점에서 자동차회사의 사업은 승차공유, 자동차공유, 보험, 렌탈, 택시, 퍼스널 모빌리티, 복지적 이동 개념을 모두 포괄한다.

이들 사업에는 이동 수단을 제조하지 않는 기업도 참여가 가능하다. 제품을 만들어 오로지 자동차회사 스스로만 활용해 이동 서비스를 제공한다면 비제조업의 이동 서비스사업과의 경쟁에서 우위에 서겠지만 판매 수익을 포기하는 것이 결코 쉬운 일은 아니기 때문이다. 그래서 미래 모빌리티는 자유로운 공간으로서의 관점과 '누구나 이동'이라는 궁극의 목표를 실현시켜 줄 이동의 본질적 시각이 함께 공존하기 마련이다. 이를 두고 일부 전문가는 현대판 유목민을 떠올리기도 한다. 이동 수단의 공간과 기능의 진화가 집이라는 고정된 공간의 필요성을 없앨 수도 있으니 말이다.

자율주행,
사람보다 물건이 먼저

물류 시장에서 자율주행의 기대감은 적지 않다. 여러 명이 탑승하는 버스와 달리 사고가 발생했을 때 탑승자가 운전자 한 명에 머무르는 만큼 전체적인 피해 가능성이 상대적으로 적어서다. 이에 따라 국내에서도 다양한 물류기업이 자율주행 스타트업 등에 잇달아 투자를 진행하며 피해 없는 배달의 최적화를 꾀하고 있다. 코로나19로 배달 수요가 폭증하자 수많은 기업들이 앞다퉈 배달 시장 진출을 모색하는 것도 같은 맥락이다. 세계경제포럼에 따르면 전자상거래 수요 증가로 향후 10년 동안 도심 내 배달은 약 36% 증가할 것으로 전망된다. 글로벌 자동차의 전체 이동 거리 가운데 34%가 상업활동 목적임을 고려하면 적지 않은 성장이다.

물론 자율주행을 물류에 적용하려는 근본적인 이유는 화물 또한 버스 등과 마찬가지로 일종의 노선 주행 비중이 많아서다. 달리 얘기하면 운행 구간이 정해질수록 자율주행 알고리즘의 예측력이 높아져 사고 위험이 낮아지기 때문이다. 그럼에도 도심은 여전히 복잡해 사고 가능성은 늘 존재한다. 그래서 떠올린 아이디어가 사람 운전자의 '부분 탑승'이다. 일정 구간은 자율주행으로 해결하되 복잡 구간만 사람이 운전하는 방법이다.

상용화를 위한 시도는 이미 시작됐다. 스웨덴 운송회사 아인라이드는 원격 자율주행 트럭을 투입할 때 사람 운전자를 채용하지만 추후 역할을 줄이는 방법으로 운전 주체를 구분할 계획이다. 예를 들어 서울의 물류 창고와 부산 항만을 오가는 화물차에 자율주행을 적용하는 방식은 매우 간단하다. 복잡한 도심을 벗어날 때까지는 사람이 운전하고 고속도로 진입이 끝나면 사람은 내리되 자율주행으로 부산까지 운행한다. 그리고 부산 도심에 진입할 때는 해당 지역에 대기 중인 다른 운전자가 운전을 맡는 방식이다. 이 경우 사람의 장시간 고속도로 운전이 필요없어 피로에 따른 사고 위험도 없다. 게다가 사람 운전의 운행 구간이 대폭 줄어 물류기업은 인건비 절감도 가능하다. 반면 기존 운전자의 소득 감소는 불가피해지는 측면도 분명히 존재한다.

그럼에도 물류 이동에 자율주행이 적용된 후 데이터 등이 쌓여 복잡성에 대한 대응 능력이 향상되면 해당 시스템은 곧바로 인간 탑승의 승용 자율주행으로 확장되기 마련이다. 한마디로 누군가 운전 행위를 통해 이동을 시켜주는 서비스에서 '사람 운전자' 역할이 배제된다는 뜻이다. 물론 물류와 별개로 부분적 자율주행을 활용, 유상운송 서비스에 적용하는 곳은 이미 생겨나고 있다. 중국 광저우 내 황푸구는 오토파일럿 택시의 기본요금을 일반 운임의 절반으로 책정하고 사업을 펼치고 있다. 해당 택시에는 레이저 레이더, 밀리미터파 레이더, 카메라, GPS 등의 센서가 탑재됐고 뒷좌석 전면부 스크린에 시동 버튼이 부착돼 있다. 아직 운전석에는 혹시 모를 상황에 대비해 사람이 있지만 궁극은 운전자조차 없앤다는 게 목표다.

한편에선 자율주행 택시로 사용되는 이동 수단의 에너지를 전기로 바꾸려는 움직임이 한창이다. 컴퓨팅을 통해 끊임없이 데이터를 확보하고 자동차 스스로 판단하려면 계산을 위한 에너지가 필요하고 이때

운전자가 없는 죽스(zoox)의 로보택시

전력 공급은 EV에 내장된 배터리가 역할을 맡는 식이다. 당연히 지능이 전기를 많이 사용해 EV의 주행 가능 거리가 줄어들 수 있지만 촘촘한 충전망이 있다면 문제되지 않을 것으로 보는 셈이다.

그러자 맥킨지는 중국이 세계에서 가장 큰 자율주행 이동 서비스 시장이 될 것으로 내다봤다. 2030년까지 중국 내 자율주행 제품의 판매액만 230억 달러, 우리 돈으로 26조 원이 넘을 것으로 전망했다. 그리고 시장은 바이두, 텐센트, 알리바바 등이 주도하되 무엇보다 물류 부문에서 활발한 사업이 전개될 것으로 예측했다. 승객 운송 자율주행 기술 개발이 안전 등의 이유로 다소 지연되고 있을 때 이미 물류에서 자율주행기술을 활발히 도입하는 배경이다.

이런 가운데 한국도 정부가 친환경 모빌리티 주력 국가로 빠르게 전환시키겠다는 계획을 발표했다. 이른바 '그린 뉴딜'이다. 이를 위해선 물류를 우선 주목할 필요가 있다. 스웨덴처럼 운전 주체에 따른 자율주행의 시범 운영도 검토할 가치가 충분하다. 비록 좁은 국토지만 한국의 고속도로는 거미줄처럼 촘촘히 얽혀 있어 사람 없는 원격 자율주행은 지금도 가능한 수준이니 말이다.

자율주행차,
2030년 상용화 쉽지 않아

4차 산업혁명을 이야기할 때 빠지지 않고 등장하는 단골 소재가 바로 '자율주행차'다. 현실 세계에서 가장 대표적인 기술 집합체로 여겨지고 있어서 아닐까. 기존 자동차회사 외에 통신, 인공지능AI, 데이터 기업 등은 마치 약속이라도 한 듯 자신들의 미래 지향점은 자율주행이라는 점을 내세운다. 그리고 자율주행 기술의 종착점은 사람의 운전 개입이 전혀 없는 시점이고, 기업마다 미래를 언급할 때 자율주행의 등장은 2030년이면 충분하다고 말한다.

하지만 실제 자율주행 기술을 구현하려는 기업들의 내부 속으로 들어가면 적지 않은 난관이 자율주행 발목을 잡고 있음을 어렵지 않게 파악할 수 있다. 이와 관련, 최근 자율주행 기술에 앞선 것으로 평가받는 콘티넨탈의 솔직한 발표는 흥미를 끌기에 충분했다.

2019년 하노버 박람회에서 콘티넨탈이 밝힌 자율주행의 기술적 어려움은 크게 4가지로 요약된다. 가장 첫 번째는 고속주행을 하다가 자율주행이 고장났을 때 안전하게 차를 세우는 일이 쉽지 않다는 점이다. 이런 이유로 자율주행의 등장은 고속도로가 아니라 속도가 제한되는 도심 주행이 우선될 수밖에 없지만 도심의 경우 복잡도가 워낙 높아 완벽성을 이뤄내기가 쉽지 않은 게 걸림돌이다. 그럼에도 센서 등의 오류가 났을 때 사고 위험에 대한 회피 가능성을 높일 수 있어 도심이 선택되고 그만큼 상용화도 늦어진다는 설명이다.

두 번째는 운전자가 없거나 운전에 개입하지 않는 만큼 기술적으로 모든 상황을 인식하고 인간 운전자보다 높은 수준의 대응이 쉽지 않다는 점이다. 이동 수단 내부 센서의 다양한 결합은 물론 외부 상황에 대한 탐지 능력이 뛰어나야 하지만 아직 기술은 그런 수준에 도달하지 못했다는 점을 인정했다.

세 번째는 흔히 언급되는 규제의 문제다. 아직 국제적으로 통일된 규정이 없어 기업마다 선제적으로 기술 투자에 나서지 못하는 환경을 지목한 셈이다. 자율주행의 경우 여전히 막대한 투자가 선행돼야 상용화 시점이 앞당겨질 수 있지만 자동차는 여러 나라에서 판매되는 제품이어서 국제적인 기준이 마련돼야 기업이 안심하고 투자하기 마련이다. 그러면서 현재 이뤄지는 각종 기술 투자의 경우 대단히 앞선 것처럼 보이지만 사실은 특정 부분에 한정적으로 이뤄지고 있다는 점을 근거로 들었다.

마지막 네 번째는 자율주행차에 대한 소비자의 인식 수용도가 낮다는 점을 들었다. 실제 딜로이트가 내놓은 '2019 글로벌 자동차 소비자 연구' 보고서에 따르면 자율주행의 신뢰도에 의문을 품는 소비자가 적지 않은 것으로 나타났다. 세계 여러 나라 2만 5,000명이 참여한 조사에서 미국의 경우 응답자의 39%만이 자동차회사의 자율주행차를 신뢰한다고 답했는데 이전보다 47% 낮아진 결과다. 물론 중국의 경우 신뢰도가 높았지만 이는 '안전'에 대한 중요성을 받아들이는 인식의 정도 차이에서 기인한다는 게 전문가들의 해석이다. 조사를 수행한 딜로이트 또한 결과를 토대로 자율주행에 대한 소비자들의 인식은 전반적으로 매우 천천히 개선될 것으로 전망했다.

이런 점을 기반으로 콘티넨탈이 내린 결론은 자동차회사뿐 아니라 IT 기업들이 언급하는 '2030년 자율주행차의 상용화'는 현실적으로 매우 어렵고, 나아가 그 이후에도 쉽지 않은 일이라고 강조했다. 기술 장벽뿐 아니라 제도적 차원에서도 어느 하나의 국가가 주도하기가 결코 쉽지 않은 일이어서다.

물론 자율주행으로 가는 방향이 맞다는 점에는 모두가 동의한다. 엔진이 자동차에 탑재된 이후 지금까지 인간 운전자 역할 축소를 고민해 왔기 때문이다. 단적으로 크루즈 컨트롤 시스템을 통해 특정 조건에서 가속페달을 밟지 않아도 됐고, 이후 안전성을 위해 '스마트' 기능을 넣어 부분적이나마 브레이크 페달에서도 발이 자유로워졌다. 그리고 이제는 스티어링 휠에서 손을 떼게 하려는 작업이 진행 중이다. 대표적인 기능이 첨단운전자 지원 기능ADAS이다. 하지만 페달에서 발을 떼는 것도 여전히 완벽하지 못한 상황에서 콘티넨탈은 스티어링 휠에서 손을 놓는 것이 2030년 가능할까를 묻고 있다. 스티어링 휠에서 손이 자유로워진다는 것은 100% 기계를 믿어야 가능하다는 점에서다. 그리고 콘티넨탈은 기계를 믿는 일은 결코 쉽게 이뤄질 부분이 아니라는 점을 오히려 지적하는 셈이다.

물고 물리는
모빌리티 에너지

01 🔌

기름에서 전기까지

전력 유통에 눈독들이는
자동차회사

중동에서 원유 상태로 수입된 기름을 자동차에 필요한 에너지(휘발유 및 경유)로 제조하는 곳은 정유회사다. 여기서 만들어진 기름은 화물 탱크로리에 담겨 전국 각지의 저유소 또는 주유소로 옮겨진 후 최종 소비자에게 판매된다.

전기에너지도 크게 다르지 않다. 제조 방법은 다양하지만 일반적인 석탄발전소는 해외에서 들여온 석탄을 태워 보일러를 가열하고, 이때 발생하는 증기로 터빈을 돌려 전기를 만든다. 생산된 전기는 전선을 통해 필요한 곳에 공급된다. 다시 말해 전기 유통에 있어 전선은 기름의 송유관 같은 역할이다. 기름과 차이점은 장기간 저장이 쉽지 않다는 점뿐이다.

그런데 무거운 전선을 연결하려면 전신주 또한 많이 필요하다.

2017년 기준 한국에 전신주는 무려 900만 개가량이 세워져 있다. 900만 개의 전신주를 전선이 거미줄처럼 휘감으며 가정 및 사무실, 공장 등에 전기를 공급한다. 그래서 전선을 통한 전기 유통은 그간 전력회사가 수행할 수밖에 없었다.

하지만 최근 자동차회사들이 전기 생산뿐 아니라 전선 없는 전기 유통에 뛰어들겠다는 계획을 진행시키고 있다. 전력회사가 전신주와 전선을 유통의 매개로 삼았다면 자동차회사는 전기차에 탑재된 배터리로 전기를 배달하겠다는 의미다. 배터리에 전기를 담아 구동에 사용한 뒤 남은 전력을 가정이나 공장 등에 공급하는, 즉 전기의 이동 경로를 '유선有線'에서 '무선無線'으로 바꾸겠다는 프로젝트다.

이 같은 'V2GVehicle to Grid' 개념은 신선해보이지만 사실 꽤 오래 전에 등장했다.

배터리가 전기를 담는 그릇이라는 점에서 1930년대부터 활용 방안이 모색돼 왔다. 하지만 담을 수 있는 전력의 양이 많지 않아 굳이 그렇게까지 할 필요를 느끼지 못했을 뿐이다. 그러나 전기차의 배터리 용량이 점차 커지면서 생각이 달라지기 시작했다. 바퀴를 돌리는 것뿐 아니라 남은 전기의 또 다른 활용처를 찾게 됐다는 뜻이다. 자동차 배터리의 전기를 가정V2H에 공급할 수 있고, 또 다른 전기차V2V에도 나눠줄 수 있으며, 건물에도 공급할 수 있다. 커넥터만 연결하면 자동차와 건물 사이의 전력이 오갈 수 있게 하는 양방향 충전기도 이미 개발됐다.

여기서 새로운 사업 기회를 발견한 자동차회사의 행보는 빠르다. 일찌감치 전기차에 매진해 온 닛산을 비롯해 최근에는 폭스바겐그룹도

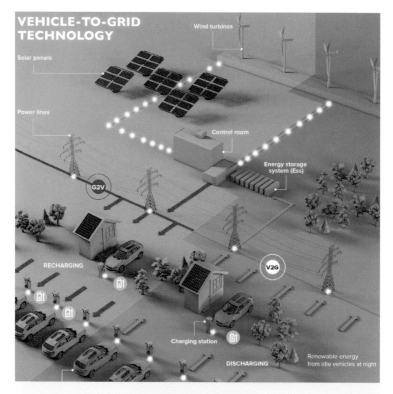

전기차 전력을 일상에 재공급하는 V2G

V2G 참여를 선언했다. 전력 공급이 여유로운 시간에 배터리를 충전한 뒤 전기가 부족한 시간에는 배터리의 전기를 되파는 사업이다. 이를 위해 2025년까지 350기가와트 규모의 전기 저장 능력을 갖겠다고 발표했다. 이는 지구 전체의 연간 에너지 소비량의 5%에 해당하는 규모이자 모든 나라의 수력 발전 전력을 합친 것보다 큰 용량이다.

폭스바겐그룹 외에도 V2G에 군침을 흘리는 곳이 적지 않다. 그중에서도 현대자동차그룹은 수소 기반의 에너지회사를 꿈꾼다. 배터리에 전기를 저장하는 것에 머물지 않고 근본적으로 전기 생산이 가능한 수소를 장기간 저장하고, 수소로 만든 전기로 배터리를 충전하며, 남는 전기는 되파는 방식이다. 석탄으로 전기를 만들어 파는 것보다 훨씬 친환경적이고 에너지 순환이 가능하다는 점을 주목한 것이다.

이런 이유로 자동차회사의 궁극이 에너지기업이라는 점을 설파하는 전문가도 꽤 많다. 자동차가 단순히 사람과 화물을 이동시켜 주는 것에서 벗어나 전기를 배달하는 역할에 도달한다면 직접 전기 생산은 그리 어렵지 않은 일이기 때문이다. 게다가 전기는 만들 수 있는 방법이 다양한 만큼 이동 수단 제조사가 에너지기업으로 바뀌는 것은 그리 어렵지 않을 수 있다. 오랜 시간 전력 유통을 독점해 온 전력회사에 자동차 제조사가 전기차로 도전하는 형국이다. 무선 전력 유통이 가능해지고 있으니 말이다.

자동차기업 위협하는
기름회사

일본에서 두 번째로 큰 정유기업 '이데미츠 코산'이 전기차 제조에 뛰어들었다. 우리에겐 OLED 원천기술 보유 기업으로 잘 알려진 이데미츠 코산이 전기차에 뛰어든 배경은 수송 부문의 에너지 사용이 점차 전력으로 대체될 수밖에 없어서다. 저물어가는 화석연료 시대를 대비하기 위해 정유사가 직접 전기차 제조에 나서 '에너지-이동 수단'의 가치 사슬을 완성하겠다는 포부다. 국내로 비유하면 SK에너지가 전기차 제조에 뛰어든 것이나 다름이 없다.

흥미롭게 볼 점은 전기차 제조에 공동 참여하는 파트너다. 이들은 협력 기업으로 기존 완성차기업이 아닌 소규모 레이싱카 제조업체 '타지마 모터'를 선정하고 우리 돈 1,000만 원 내외의 저가 전기차를 내놓기로 했다. 그리고 저가라는 장점을 활용해 이용료가 저렴한 공유 서비스에 투입할 계획이다. 이는 일본 내에서 비자동차업체가 전기차 시장에 진출하는 최초의 사례로 주목받고 있다.

양사가 만들 저가 전기차는 길이 2.5m, 너비 1.3m의 초소형 4인승 전기차로 최고 시속은 60km에 불과하다. 한마디로 경차 수준의 전기

일본 정유기업 이데미츠 코산의 전기차

차인데 이데미츠 코산은 축적된 석유화학 분야 기술을 통해 가벼운 고성능 플라스틱 차체를 제공한다. 1회 충전 후 주행거리는 100km 정도로 고령화 사회인 일본 내 초보 및 노인 운전자의 이동 수단이 될 것으로 전망하고 있다. 그리고 이데미츠 코산은 해당 전기차의 판매 거점으로 일본 내 6,400곳의 주유소를 적극 활용한다는 방침이다. 주유소에서 전기차를 판매하고 서비스를 받는 시대를 열겠다는 포부다.

정유기업의 전기차 제조 흐름은 세계에서 두 번째로 큰 정유기업 BP가 시작했다. BP가 인수한 전기차 제조기업 라이트닝시스템은 지난 2019년부터 세계 최대 온라인기업 아마존에 셀 교환식 배터리팩을 탑재한 물류용 전기차를 제공해왔다. 자동차회사가 배터리팩과 차체의 일체형 전기차를 만들 때 아마존은 셀 교환 방식으로 내구 연한을 최대한 늘려 물류에 활용하는 식이다.

나아가 정유기업의 위기의식은 세계 최대 정유사인 사우디 아람코의 생각도 바꾸고 있다. 올해 양산되는 미국 전기차 기업 루시드모터스의 최대 투자자는 사우디 국부펀드인데 여기에 이미 아람코의 지분이 담겨 있다. 외형적으로는 국부펀드지만 실질적으로는 아람코의 입김이 강하게 작용하는 셈이다.

이런 흐름에 비춰 전통적 개념에서 화석에너지를 제공했던 정유기업과 이들 에너지를 기반으로 자동차를 만들어 판매했던 완성차기업은 점차 새로운 관계 설정이 요구되고 있다. 지금까지 완성차기업이 화석연료 중심의 정유사업에 진출하기는 어려워도 화석연료를 탈피하려는 정유사의 전기차 진출은 향후 봇물처럼 거세질 수밖에 없어서다. 이 경우 정유기업은 발전 사업에서 만든 전력의 새로운 사용처로 자신들이 직접 만든 전기차를 삼게 된다.

　반면 자동차기업이 에너지산업에 진출하는 것은 예정된 수순이다. '내연기관'이라는 진입 장벽이 허물어지고 있기 때문이다. 그간 화석연료 기반의 '내연기관'은 자동차의 핵심 장치로 불리며 다른 산업의 진입 자체를 방어하는 역할을 했지만 전동화는 '누구나 전기차'를 허용하므로 자동차 시장의 새로운 격전이 펼쳐지게 마련이고 이를 대비한 전략이 '수소 사회'다. 단순히 수소를 통해 전력을 만드는 과정으로 보이지만 이면에는 화석연료 기반의 내연기관 진입 장벽을 수소로 다시 세워 다른 산업의 이동 수단 시장 진출을 최소화하겠다는 의도가 숨겨져 있다. 100% 전동화로 가되 여기에 사용되는 에너지를 수소로 삼으면 이동 수단 시장은 최대한 지키고 동시에 정유사가 쥐고 있던 에너지 주도권을 가져올 수 있다고 믿는다.

　해외에서 일어나는 현상은 국내에서도 예외일 수 없다. 국내 정유사 또한 이동 수단의 전동화 흐름을 보며 가만히 앉아서 에너지 주도권을 내줄리 만무하다. 군이 예측을 해보자면 에쓰오일은 아람코를 등에 업고 루시드모터스의 첫 번째 전기차 '루시드 에어'를 가져와 판매하고, SK는 이미 SK이노베이션이 중국에서 투자한 배터리 교체기업을 통해 탈착식 전기차를 들여와 판매할 수 있다. 물론 어디까지나 기업 간 관계에 따른 예상일 뿐이지만 글로벌 흐름에 비춰볼 때 가능성은 열려 있다는 뜻이다. 오랜 시간 유지해 온 정유사와 자동차회사의 공생 관계가 전동화를 계기로 경쟁에 들어서는 단계이니 말이다.

세계 최대 석유기업의
수소 주목 배경

1차 세계 대전이 끝나고 기름이 부족했던 서구 열강은 석유를 찾아 해외로 눈을 돌렸다. 특히 미국의 캘리포니아 스탠더드오일이 아라비아 반도 바레인에 매장된 석유를 얻기 위해 1932년 중동에 진출하자 사우디아라비아 정부는 이듬해 캘리포니아 스탠더드오일에게 석유 개발권을 부여하며 산유국 대열에 올라서려는 희망을 품었다. 여기서 만들어진 회사가 현재 사우디 최대 국영석유회사 아람코의 전신인 '캘리포니아-아라비안 스탠더드 오일CASOC'이다. 회사가 설립되고 4년이 지난 1938년, 사우디 다하란 광구의 7번째 시추공에서 석유가 올라왔다.

이렇게 산유국이 된 사우디아라비아는 1944년 캘리포니아-아라비안 스탠더드 오일의 이름을 '아라비안 아메리칸 오일ARAMCO'로 바꾸고 훗날 엑손Exxon이 된 스탠더드오일과 모빌Mobil로 바뀐 쏘코니 바큠이 각각 30%와 10%의 지분을 취득하도록 했다. 그러던 중 1949년 석유 지대를 놓고 아부다비와 국경 분쟁을 겪었다. 이를 계기로 압둘 아지즈 당시 사우디 국왕이 석유 시설의 국유화를 추진하자 이를 걱정한 아람코는 사우디 정부와 수익을 50:50으로 나누는 조건으로 국유화를 지연시켰다. 동시에 아람코의 뉴욕 본사가 사우디 다하란으로 옮겨 왔다.

1951년 아람코는 세계 최대 해안 유전으로 알려진 사파냐에서 석유를 발견했고, 1957년에는 세계 최대 내륙 유전으로 유명한 가와코 지역에서 기름을 찾아냈다. 이를 계기로 아람코 역시 세계 최대 석유기업으로 우뚝 섰다. 그러자 1973년 사우디 정부는 기존에 보유하던 35%의 지분에서 25%를 추가로 확보해 아람코의 국유화를 완성했고, 1974년에는 나머지 40%를 전량 구매해 100% 국영석유회사로 변신시켰다.

공룡으로 표현될 만큼 덩치가 큰 아람코의 연간 순이익만 126조 원에 달한다. 지난 2017년에는 사우디 전체 GDP 중 아람코의 매출 비중이 70%를 차지하기도 했다. 그만큼 사우디를 지탱하는 절대 기업이자 세계 석유 시장을 좌지우지하는 곳이다.

하지만 제아무리 아람코라도 기후변화 속도를 늦추기 위해 석유 사용량을 줄이자는 지구 공동체의 요구는 무시할 수 없다. 이를 타개하기 위한 방책 중 하나가 바로 수소와 탄소섬유다. 아람코의 주력 사업분야는 석유지만 석유 또한 여러 에너지 가운데 하나라는 점에서 앞으로 다양한 에너지를 모두 공급하는 종합에너지기업으로 변신하겠다는 의지인 셈이다.

그러던 중 최근 사우디아라비아의 차기 국왕인 무함마드 빈 살만 왕세자가 한국을 찾은 자리에서 현대차 정의선 부회장을 만나 수소에 대한 관심을 드러냈다. 양사는 수소 및 탄소섬유 소재 개발 협력을 통해 글로벌 수소경제 사회 조기 구현이라는 공동의 목표를 달성키로 합의했다.

아람코와 현대차그룹이 맺은 양해각서 안에는 아람코가 사우디아라비아 내에서 수소 공급 및 수소 충전소 확대를 추진할 때 현대차의 전략적 협력이 뒤따르도록 한다는 내용이 담겨 있다. 동시에 한국 내 수소 인프라 구축에 아람코가 참여하는 기회도 열어 놨다.

그리고 첫 번째 협업은 사우디아라비아 내 수소차의 실증 사업 진행이다. 열사의 중동에서 수소차를 시험 운행하며 보급 가능성을 타진해보자는 차원이다. 1회 충전으로 450km 주행이 가능한 신형 수소전기버스와 현재 국내에 판매되는 승용 수소전기차 넥쏘가 투입된다. 오는 2025년까지 단계적으로 1,600대 규모의 수소전기 대형트럭도 중동으로 나가게 된다.

현대차의 또 다른 계획 현재 일본 등 몇몇 국가가 독점한 탄소섬유 시장에서 새로운 경쟁자로 올라서는 것이다. 이미 탄소섬유를 활용해 수소저장탱크를 양산하는 현대차가 사우디의 신산업으로 불리는 탄소섬유 등의 제조 기술 개발에 참여한다. 그래야 2030년까지 판매량 기준으로 약 383%, 금액 기준으로 약 211% 성장한다는 탄소섬유 시장의 대응력이 갖춰질 것으로 예측하고 있다.

물론 인류의 석유 의존도는 여전히 절대적이다. 아람코 또한 그 점을 모를 리 없다. 하지만 점차 석유 사용을 줄이려는 움직임이 확산되는 것도 간과하지 않는다. 그래서 사우디 또한 에너지 다변화를 가져가겠다는 계획에 한국이 참여하는 것은 꽤 의미 있는 일이다. 현대차를 떠나 국가적으로도 말이다.

현대차가
테슬라 충전을 막은 의도

현대차·기아가 최근 고속도로에 집중 설치된 초급속 충전기 이핏E-Pit 이용 때 어댑터 사용을 금지했다. 이에 테슬라 이용자들이 정부에 집중

항의를 쏟아냈다. 고속도로 휴게소의 초급속 충전기 설치는 EV 보유자 모두에게 반가운 일이지만 현대차·기아가 의도적으로 테슬라만 충전을 막았다는 목소리다.

현대차·기아도 이번에는 참지 않았다. 이핏 설치 비용을 전액 현대차·기아가 부담했고 정부로부터 충전기 설치 보조금은 전혀 받지 않았기 때문이다. 게다가 도로공사에 휴게소 내 영업권에 대한 비용까지 지불하는 만큼 테슬라 이용자들의 항의에 어이가 없다는 반응이다. 따라서 18분에 배터리의 80%가 충전되는 초급속 충전기를 이용하려면 현대차·기아가 제시한 기준을 충족하라고 오히려 역공을 펼쳤다. 현대차·기아로선 '내돈내산' 충전기에 슬며시 묻어가려는 경쟁

초고속 충전을 앞세운 현대차 전기차 충전소 E-pit

자 의도가 은근 괘씸했던 모양이다.

그러면서 항의는 현대차·기아가 아닌 테슬라코리아를 겨냥하라고 맞받았다. 수입사가 고객을 위해 충전 인프라를 넓히는 게 당연하니 말이다. 그러자 테슬라코리아는 현재 200여곳에 달하는 완속 충전과 30곳에 불과한 급속 충전소 외에 올해 250kW급의 초급속 충전기 27곳을 도입하겠다고 밝혔다. V3 슈퍼차저로 불리는 초급속 충전기는 5분에 120km 주행이 가능한 전력을 담을 수 있어 급속 충전기 대비 충전 시간이 반으로 감소한다. 물론 누적 판매 대비 초급속 27곳은 여전히 부족한 숫자지만 테슬라 보유자로선 그마저도 반가운 일이다.

사실 충전을 놓고 벌어지는 현대차·기아와 테슬라의 자존심 싸움은 이른바 충전 표준의 준수 여부 때문이다. 정부는 2017년 전기차 보급과 충전기 효율성을 높이기 위해 국내 전기차 충전규격 표준을 글로벌에서도 다수가 채택한 DC콤보 타입1으로 통일했다. 반면 테슬라는 독자 규격을 사용하는 만큼 DC콤보 타입1 충전기를 이용하려면 어댑터가 필요하다. 이에 따라 테슬라는 현대차·기아의 초급속 충전기에 사용 가능한 어댑터가 나오면 충전기를 쓸 수 있도록 해달라는 요청인 반면 현대차·기아는 어댑터가 국가 표준을 통과해도 사용은 어렵다고 맞선 형국이다. 심지어 몰래 어댑터 등으로 충전기를 이용하다 적발될 경우 법적 조치도 경고했다. 적어도 초급속 충전에 관해선 테슬라에 관대하지 않겠다는 뜻이다.

하지만 현대차·기아가 테슬라 충전을 막은 진짜 배경은 현재와 미래 시장의 경쟁력 확보 차원이다. 대외적으로는 '내돈내산' 충전기인 만큼 현대차·기아 EV 구매자 우선을 내세우지만 사실 충전사업은 이용자가 많을수록 전력 유통량도 많아지는 구조여서 굳이 다른 전기차의 충전을 막는 게 능사는 아니다. 지금은 환경부 등이 충전사업에 참여하고 있어 전력 유통에서 이익을 기대하기 어렵지만 향후 민간에 맡겨지면 충전소는 곧 내연기관의 주유소와 같은 에너지유통업에 해당되는 만큼 전기를 많이 팔수록 유리해지기 마련이다. 결국 겉으로는 EV 보유자의 편리성 극대화에 초점을 맞췄지만 이핏은 훗날 전개될 전력유통 사업의 중요 현장이어서 테슬라의 접근을 막는 셈이다.

별다른 반응은 보이지 않지만 테슬라 입장에서도 현대차·기아의 속도감 넘치는 전동화 행보는 위협적일 수 있다. 특히 인프라 구축 속도는 단연 으뜸이다. 이는 그만큼 현대차·기아 또한 제품 경쟁력에 확신이 섰음을 보여주는 대목이다. 특히 전용 플랫폼 기반의 EV(아이오닉 5, EV6)로 테슬라와 제품력을 동등하게 끌어올렸다면 지금부터는 시장을 빼앗아오는 게 정상이다. 그리고 '이핏'은 현재와 미래의 EV 시장을 고려한 투자여서 경쟁사 이용 제한은 불가피한 조치로 해석될 수밖에 없다. 현대차·기아가 이핏에 부여한 역할이 '전기차 시장의 빠른 선두 전환'이기 때문이다.

02 🔋

패를 쥔 배터리

전기차,
기술은 경쟁 유통은 독점

배터리 전기차의 주행거리를 늘리는 것은 매우 간단한 일이다. 배터리에 많은 전력을 담으면 된다. 대신 무게가 늘어나 'km/kWh'로 표시되는 효율은 낮아지게 마련이다. 그래서 작은 배터리에 많은 전기를 담는 방법이 끊임없이 연구되고 있다. 전해질을 액체에서 고체로 바꾸는 일명 전고체 배터리부터 양극과 음극의 새로운 소재를 찾으려는 노력, 나아가 배터리 셀의 모양과 구조를 변경하거나 셀의 연결 및 적재 방식에 이르기까지 곳곳에서 벌어지는 개발 경쟁은 전기차의 미래를 밝게 만드는 요인이기도 하다.

앞선 노력들이 배터리 자체의 제품력 향상을 위한 움직임이라면 또 다른 한편에선 충전 경쟁이 펼쳐지고 있다. 전기차 보급 초기에는 당연히 콘센트에 케이블을 꽂아 외부 전력을 배터리에 넣되 방식이 달라 혼선이 잠시 벌어졌다. 하지만 한국은 차데모와 콤보로 구분되는 모든 방식의 활용이 가능한 복합충전기를 설치해 이 문제를 해결했다.

그럼에도 충전은 여전히 불편하다는 인식이 적지 않다. 필요할 때 5분이면 어디든 들어가서 기름을 채우는 내연기관과 달리 전기차는 급속충전이라도 꽤 오랜 시간이 소요되는 탓이다. 그래서 생각한 방식이 운행하지 않을 때 충전하는 아이디어다. 어차피 운행보다 주차 시간이 길다는 점에서 멈춰 있는 동안 충전할 수 있도록 했다. 하지만 모든 주차 공간에 충전 케이블이 있는 것은 아니라 지정 공간을 찾아다니는 게 불편했다.

아이디어는 여기서 더 나아가 아예 배터리를 통째로 바꾸자는 생각에 이르렀다. 누군가 충전을 해놓고 필요한 사람에게 제공하는 방법이다. 하지만 이 경우 전제는 배터리 표준화 및 공동 사용이다. 동일한 배터리를 적용한 차종이 많아야 교체 사업자도 움직일 수 있다.

여기서 생각은 다시 둘로 갈라진다. 첫 번째는 한 곳의 제조사가 내놓는 모든 차종의 배터리를 표준화하는 방식이다. 대표적으로 일본 혼다는 범용 제품과 바이크, 자동차에 들어가는 배터리를 표준화하겠다는 계획을 드러냈다. 이른바 모바일 배터리인데 혼다가 곳곳에 구축한 배터리 저장소에 들러 소비자가 직접 팩을 교환하면 된다. 쓰던 팩은 저장소에 넣고 충전된 팩을 이동 수단에 꽂는다. 마치 건전지를 교환하는 것과 같다. 두 번째는 국가가 배터리팩을 표준화하는 방식인데 대표적으로 중국이 그렇다. 오는 2030년까지 10가지 용량의 배터리를 자동차에 표준화해서 모든 차종 간 배터리 호환을 가능하게 하겠다는 계획이다. 이 경우 벤츠 S클래스 전기차 배터리를 포르쉐도 쓸 수 있고, 출고 때 탑재된 현대차 배터리를 베이징차를 출고한 사람도 사용할 수

교체 가능한 배터리팩을 장착한 혼다 PCX

있다. 배터리와 차체의 분리 판매를 통해 더 많은 전기차 확산이 이뤄
진다고 판단했기 때문이다.

　이런 상황에서 최근에는 충전 로봇을 투입하려는 움직임이 적지 않
다. 주차 후 충전을 요청하면 배터리에 전력을 담은 로봇이 번호판을
인식해 주차된 전기차에 충전해주는 방식이다. 한국은 제주도에서 실증
사업이 진행 중이며 폭스바겐은 최근 충전 로봇 콘셉트를 선보였다. 이를 통
해 충전의 불편함에 대한 인식을 완전히 없애겠다는 의지다. 물론 충
전 로봇의 개념은 이미 자동차로 확대됐다. 실제 모비스의 양방향 충
전기는 자동차의 유휴 전력을 다른 곳에서 활용할 수 있는 기술인데
전기차에서 전기차로도 충전이 가능하다. 국내도 소규모 전력중개사

업 제도가 있어 사업은 가능하지만 복잡한 절차와 제도 탓에 활성화
는 아직 멀다.

이런 면들을 종합해 보면, 전기차 시대에 정부가 고민할 과제는 다양
한 전력 유통이다. 한전에서 전기를 구입하거나 개인이 전기를 만든 뒤
손쉽게 되팔 수 있어야 하는데 거래 시장이 독점이어서 쉽지 않다. 심
지어 가정에서 운동하며 만든 전기를 사용하는 것도 아직은 이뤄지지
않으니 말이다. 배터리 및 충전 기술은 하루가 다르게 발전하는데 그
안에 담는 전력의 거래는 여전히 시대에 뒤쳐져 아쉬울 뿐이다.

반값 전기차의
주도권 싸움

2,000만 원짜리 배터리팩이 탑재돼 5,000만 원에 판매되는 전기차가
있다. 그런데 전기차 구매와 동시에 배터리팩을 렌탈사업자에게 되팔
아 2,000만 원을 회수한다. 결과적으로 전기차 최종 구매 가격은 3,000
만 원이 되고 배터리팩은 이용료를 낸다. 만약 10년을 운행한다면 매
월 16만 원 정도의 렌탈비용을 부담해야 한다(무이자 기준). 그런데 3년
사용 후 배터리를 반납할 수도 있다. 하지만 반납 때는 배터리팩만 별
도로 떼어낼 수 없어 타던 전기차를 건네야 한다. 이때 렌탈사업자는
처음 구매자가 샀던 차체도 함께 사들여 또다시 누군가에게 빌려준
다. 물론 시간이 지난 만큼 전기차의 가치도 떨어져 다시 빌리는 비용
은 내려가기 마련이다.

물론 배터리팩을 소유한 렌탈사업자는 이용자에게 요금은 물론 이

자도 받아야 한다. 그런데 너무 비싸게 받으면 구매력이 저하되는 만큼 비용을 줄이기 위해 반납된 배터리의 활용 가치를 높이는 게 최선이다. 그래서 떼어낸 배터리팩을 전력 저장장치로 전환시키고 이를 다시 판매해 일정 비용을 회수한다. 자동차에는 쓸 수 없어도 전기 담는 그릇 용도로는 여전히 쓸 만하기 때문이다. 이 과정에서 수익이 발생하면 초기 배터리팩 이용자들에게 과도한 이용료를 부과하지 않아도 된다. 그래서 반값 전기차의 핵심은 배터리팩 재판매가 아니라 배터리의 잔존가치다. 3년, 5년 또는 10년 사용 후 가치에 따라 배터리 렌탈 비용이 달라진다. 3년 후는 쓸 만한데 5년 후 성능이 크게 저하된다면 배터리팩이 탑재된 중고 전기차의 가격도 떨어질 수밖에 없다. 그리고 이 방식은 배터리팩을 분리할 수 없는 완성차기업의 숙명이다.

반면 배터리 기업들은 탈착식 배터리팩을 주목한다. 굳이 전기차 구매자가 충전하는 게 아니라 배터리 렌탈사업자가 충전까지 완료해 대여해주는 방식이다. 처음 배터리에 충전된 전력이 소진되면 배터리 교환소에 가서 완충된 배터리팩으로 교체하고 운행하면 된다. 여기까지는 완성차기업의 방식과 충전을 누가 하느냐의 차이만 있을 뿐 수익 방식은 다르지 않다. 하지만 배터리를 빌려주는 사업자는 자동차 회사와 달리 배터리 렌탈 비용 외에 전력 유통 마진을 확보할 수 있는 게 장점이다. 한전으로부터 100원에 전기를 구입해 배터리에 담고 전기차에 빌려줄 때는 110원을 받아 유통 마진을 챙긴다. 그럼에도 치명적인 약점이 있다. 배터리 렌탈사업이 활성화되려면 규격화 된 배터리팩을 사용하는 탈착식 전기차가 늘어야 한다는 점이다. 그리고 이들의 약점은 이미 완성차기업이 너무나 잘 알고 있어 결코 탈착식 전기차를 만들지 않는다.

그럼 배터리기업은 영원히 완성차기업의 공급사로 남아야 할까? 그렇지 않다. 이들의 생각은 이제 동일 차종의 위탁 생산에 쏠려 있다. 차라리 일부 완성차 제조사에 탈착식 전기차의 생산을 맡겨 시장에 투입하는 방식이고 대표적인 부문이 영업용 택시다. 그리고 때로는 배터리 교체식 시설을 갖추고 해외에서 이미 만들어진 전기 완성차를 수입해 배터리를 제외한 가격에 직접 판매할 수도 있다. AS 등은 부차적인 문제일 뿐 근본적인 측면에선 배터리와 완성차기업 간의 바스BaaS, Battery As A Service 전쟁인 셈이다.

그리고 둘의 전쟁에서 팔짱 끼고 지켜보는 이들이 있다. 완성차에 많은 부품을 공급하는 거대 부품기업들이다. 이들 또한 자동차 만들기, 특히 전기차의 몸통 제작은 어렵지 않은 만큼 탈착식을 선호하는 배터리기업과 손잡고 자신들만의 독자 제품을 시장에 내놓을 수 있다. 이때는 각 나라 및 지역 환경에 어울리는 특수 목적형 시장을 공략하게 된다. 굳이 글로벌 시장을 상대로 완성차기업과 경쟁할 이유가 없다.

변화는 여기서 멈추지 않는다. 전기차와 배터리의 관계는 물류기업에게도 관심사다. 그런데 이들은 전기차의 몸통과 배터리 모두에 관심을 두되 특히 배터리 탑재 방식에는 관심이 없다. 오로지 배터리셀의 적재 방식에 시선을 돌린다. 배터리셀을 바꾸면 그만큼 배송에 활용하는 전기차 수명을 늘려 차량 구매 비용을 절감할 것으로 기대한다. 이것은 실제 아마존이 활용하고 있는 방식이다.

'반값 전기차'는 한마디로 전기차 전쟁의 서막이 열렸음을 의미한다. 전통적 개념의 완성차기업, 배터리기업, 자동차 종합부품기업은 물론 모빌리티에 관심을 두는 모든 기업에게 말이다.

교체식 배터리를
택시에 적용한다면

전기차의 경우 차체와 배터리를 분리해 교체식으로 사용할 수 있다. 특히 교체 방식이 언급되는 용도는 당연히 영업용 이동 시장이다. 이미 일본과 중국 등에선 교체식이 고개를 들면서 버스 및 택시, 렌터카, 스쿠터 등에 일부 적용하는 중이다. 이 가운데 버스는 국내에서도 제주도에서 교체 방식이 활용되고 있다. 그러나 버스는 기본적으로 교체식보다 충전식이 선호되고 있다. 정해진 노선을 오가는 데다 기점에 들어오면 운전자 휴식 시간에 충분히 충전이 가능해서다. 대용량 배터리를 탑재했다는 점에서 초창기는 충전 시간이 오래 걸려 교체식이 시선을 끌었지만 최근 급속 충전 기술의 발전이 시간을 줄이자 고가의 교체식 충전 시설은 점차 외면 받고 있다.

하지만 택시는 교체식 도입이 충분히 검토될 수 있는 교통 분야로 여겨진다. 특히 국내에선 철저하게 이용자와 사업자에게 혜택이 돌아갈 수 있다. 기본적으로 국내 택시 사업의 원가는 '차 가격+운전자 비용+연료비+보험료' 등으로 고정돼 있다. 여기서 인위적으로 비용을 줄일 수 있는 항목은 차 가격과 연료비다. 이에 따라 택시사업자는 언제나 제조사로부터 공급받는 자동차 가격을 깎으려 하고 연료비 절감을 위해 교육은 물론 다양한 방안을 강구한다. 이런 상황에서 일부 택시 사업

중국 니오 배터리팩 교환 시설

자들이 보조금 지원에도 불구하고 비싼 전기차를 조금씩 선택하는 이유는 연료비 측면에서 LPG 대비 전기료가 아직은 비교적 저렴하기 때문이다.

또 하나 교체식이 주목받는 이유는 운행 원가를 낮추는 것이 택시 이용자들이 부담하는 요금의 인상 압력을 완화시키기 때문이다. 현재 택시 요금은 지자체별로 자치단체장이 정하도록 규정돼 있다. 그런데 국내 택시요금은 소득 수준 대비 다른 나라에 비해 상대적으로 매우 저렴한 편이다. 이에 따라 요금 인상 압박이 해마다 높아지는 구조임에도 정부는 국민들의 부담이 늘어난다는 점에서 택시요금을 높이는 대신 택시 연료로 사용되는 LPG에 세금을 면제하는 등 간접적인 지원을 해왔다. 쉽게 보면 선거로 운명이 결정되는 자치단체장에게 택시 요금 인상은 악재이지만 운행 원가가 매년 오르는 것은 어쩔 수 없다. 운전직 근로자의 소득도 보장해야 하고 자동차회사의 공급 가격도 인상되기 때문이다.

이런 상황에서 택시의 교체식 배터리팩 도입은 기본적으로 돈 문제를 해결하는 묘수로 떠오를 수 있다. 방법은 단순하다. 택시사업자는 배터리팩을 제외한 이동 수단을 구입할 수도 있고 빌릴 수도 있다. 이 경우 당연히 배터리팩 가격이 배제돼 있으니 이동 수단의 운용 가격은 크게 낮아지기 마련이다. 이때 필요한 배터리팩은 빌려 사용하되 요금은 사용한 전력량만큼 내면 된다. 자치단체는 교체식 배터리팩에 보조금을 지원함으로써 '생산-사용-재활용 및 폐기' 등의 관리도 쉬워진다. 더불어 교체식이라는 점에서 과격 운전에 따른 고정형 배터리팩의 수명 단축도 방지할 수 있고 이는 곧 사용 연한의 연장으로 연결된다. 이 방식으로 운행 원가를 낮추면 요금 인상의 압박도 줄어 이용자 부담도 덜어낼 수 있는 셈이다. 이런 방식을 흔히 서비스로서의 배터리, 즉 '바스BaaS, Battery as a Service'로 부른다.

여기서 교체 가능한 동일 차종이 많을수록 배터리팩 이용 가격도 저렴해지는 등 효용성이 높아진다. 게다가 배터리팩 교체사업자가 수익을 내기 위해선 저가의 배터리팩도 활용할 수 있어야 한다. 그런데 배터리 또한 소모품이고 사용 용도가 택시라는 점은 교체식 도입 필요성을 높이는 조건이다. 택시 배터리팩이 교체식으로 활용되면 배터리와 에너지 비용이 떨어져 결국 그 혜택이 택시사업자와 근로자는 물론 자치단체, 그리고 지역 주민 모두에게 돌아가기 때문이다. 그리고 동시에 대기질 개선이 뒤따라오는 만큼 교체식에 대한 관심은 늘어날 것 같다.

전기차,
잉크처럼 배터리도 재생된다면

현재 이동 수단에 전기를 사용하는 방식은 내연기관의 연료탱크에 해당되는 배터리에 전력을 담는 게 유일하다. 차의 지붕을 태양광 패널로 바꿔 직접 전력을 얻는 노력도 있지만 기본적으로 배터리에 에너지를 저장, 구동이 필요할 때 꺼내 쓴다. 그런데 내연기관의 연료를 담는 연료탱크와는 다르지만 배터리 또한 지하 자원을 필요로 한다. 리튬, 코발트, 니켈 등이 대표적이다. 게다가 이들 자원 기반의 배터리는 수명도 존재한다. 기름 탱크와 달리 전기차 배터리는 일정 기간 사용하면 저장 공간이 점차 줄어든다. 물론 전력 잔량에 따라 충전·방전 수명이 다른 만큼 폐차 때까지 문제없다는 반론도 있지만 여기서 발생하는 또 다른 문제는 폐배터리 처리 문제다.

기본적으로 내연기관의 연료탱크는 기름 제거 후 고철로 녹여 다른 철강 제품으로 전환되는 반면 전기차 배터리는 1차적으로 에너지 저장장치ESS로 재사용되고, 이후 쓸모가 없어지면 내부 소재를 추출하는 폐기 과정을 밟게 된다. 이때는 당연히 고도의 높은 기술과 까다로운 공정이 필요하다. 폐기에도 상당한 비용이 수반될 수밖에 없다.

그래서 떠올린 아이디어가 배터리의 수명 연장이다. 성능이 떨어진 배터리를 분해하거나 에너지 저장장치ESS로 용도 전환을 하지 않고 자동차에 다시 쓸 수 있도록 성능을 간단하게 높이는 방법이다. 배터리 제조사는 반대하겠지만 최근 미국을 중심으로 활발히 연구되는 분야가 바로 사용 후 배터리의 재생 방안이다. 쉽게 보면 프린터 잉크가 떨어지면 잉크만 다시 넣어 쓰는 것과 같은 개념이다. 새 배터리의 성능이 '100'이라고 했을 때 재생 배터리의 성능 수준이 98%에 육박하고, 수명은 다시 10년 이상 늘리는 식이다. 전기차의 다른 부품 내구성에 문제만 없다면 전기차 구매 후 30~40년 동안 배터리 문제없이 운행이 가능하고, 전력을 나르는 운반의 활용성 또한 높아지게 된다.

이런 시나리오는 기본적으로 배터리 제조사의 생존을 위협할 수 있고, 전기차 교체 시간을 늘려 자동차회사의 시장 확대에 걸림돌이 될수도 있다. 다만 여전히 연간 1억 대 내외의 내연기관차가 판매되는 중이며, 이미 땅 위를 오가는 자동차만 13억 대에 달하는 것을 생각하면 당장 이런 생각은 기우에 불과할 수도 있다.

최근 배터리 재생 기술에 관심이 모아지면서 이미 미국 내 기술 스타트업 기업이 관련 기술을 개발했다는 소식도 전해진다. 이들의 목표는 '새 차=새 배터리', '중고차=재생 배터리'다. 처음 생산돼 나오는 새차에는 새 배터리가 당연하지만 3년 또는 5년 후 중고차로 거래될 때는 사용하던 배터리를 재생해 넣는다는 복안이다. 배터리 수명으로 1회 충전 후 주행 거리가 짧아지는 것을 막을 수 있다는 논리다. 결국 이동 수단의 '전기화Electrification'가 4차 산업혁명의 대표로 여겨지는 것도 이 같은 새로운 기술 산업의 등장을 포함하고 있어서다. 그리고 이동의 혁명은 이미 시작됐다.

EV 전기를
EV에 팔 수 있다면

단순한 계산을 하나 해본다. kWh당 5.6km를 주행하는 현대차 코나의 연간 승용차 평균 주행거리를 1만 3,000km 운행으로 가정하고 필요한 총 전력량을 산출하면 2,321kWh다. 그리고 코나에 부착된 배터리 용량은 64kWh이니 배터리 전력을 소진하고 다시 가득 충전하는 연간 횟수는 이론상 36.2회다. 이를 월 평균으로 계산하면 매월 3회를 완충해야 된다는 계산이 도출된다. 물론 배터리 전력이 모두 소진했을 때만 충전하는 게 아닌 만큼 현실에서 충전 횟수는 당연히 월 3회보다 많겠지만 그럼에도 단순 계산을 한 이유는 여러 조건을 비교해보기 위해서다.

2,321kWh를 충전할 때 필요한 비용은 급속 충전 기준으로 kWh당 255원이 적용돼 약 60만 원이다. 나아가 23시 이후 경부하 시간에 충전을 이용하면 kWh 요금은 평균 57원으로 떨어진다. 그러니 저압만 이용해 충전했을 때 연간 비용은 약 13만 원에 머문다. 충전의 불편을 감수한다면 연간 수송 에너지 비용은 거의 들지 않는 셈이다. 게다가 보조금은 물론 충전기 설치도 지원받을 수 있다.

그런데 모두가 전기차로 연간 1만 3,000km를 운행하는 것은 아니다. 그러니 때로는 배터리 전력이 많이 남을 수도 있다. 이 경우 누군가 배터리 전기를 필요로 하고 이를 되팔 수 있다면 어떨까? 이른바 '소규모 전력중개사업'인데 국내도 허용됐다. 1MW 이하 신재생에너지와 에너지 저장장치ESS, 전기차 배터리 전력을 중개사업자가 모아 전력 시장에서 거래할 수 있다. 그렇다고 전기차 보유자 모두가 직접 판매할 수는 없다. 사업을 하려면 국가기술자격법에 따른 전기 분야 기사를 포함해 최소 2명 이상의 기술 인력이 있어야 한다. 단순한 전력중개업인만큼 자격증 없이도 사업은 가능하지만 그래도 여기까지 법이 개정되는 데에만 무려 2년이 걸렸다.

그럼 전력을 개인이 거래할 수 있게 됐으니 실제 사고팔 수 있을까를 묻는다면 현실적으로는 어렵다. ㎾h당 평균 57원을 주고 배터리에 전력을 담은 뒤 되파는 가격이 천차만별이고, 전기차에 충전하는 전력 요금은 소매 기준이어서 도매사업자와 요금 경쟁이 원천적으로 불가능해서다. 군이 한다면 정말 긴급하게 전력이 필요한 다른 전기차에 되팔 수 있지만 자동차 및 보험회사의 긴급출동이 이미 해당 서비스를 제공해 무용지물이 될 가능성이 높다. 그러니 전기차 보유자는 전력거래사업에 애당초 참여하지 말라는 메시지다. 전문가들도 EV 배터리 전력의 거래는 현실적으로 어렵다며 자동차에서 가정에 유료 전원을 공급하는 것조차 아직은 쉽지 않다고 설명한다.

한국전력 전기차 충전 요금에 따르면 봄가을은 시간대별로 부과되는 전력 요금 차이가 별로 없다. 다만 여름철 피크 타임과 겨울철 난방기 사용이 많을 때는 평균 150원이다. 그러니 57원에 사서 150원에 팔아야 ㎾h당 93원이 남는데, 150원에 사줄 곳이 없다는 의미다. 단순 계산으로는 부지런히 전력요금 낮을 때 충전해서 최대 부하 시간에 다시 팔면 수익이 날 것 같지만 그렇지 않다.

물론 64㎾h 배터리를 최저 가격으로 충전한 후 하루 이동에 14㎾h만 쓰고 나머지 50㎾h를 되팔 때 4,650원이 남는다. 연간으로 가면 170만 원이다. 꾸준한 노력이 필요하지만 어느 정도 참여자를 모아 규모를 이루면 중개사업도 가능은 하다. 그런데 전기 기술자격증을 보유해야 한다. LPG 충전소에서 충전해주는 사람은 자격증이 없어도 관리자는 고압가스관리 자격이 있어야 하는 것처럼 소규모전력거래사업도 누구나 할 수 있지만 관리자는 전기 관련 자격증이 있어야 한다. 그러니 누구나 팔 수는 있지만 아무나 구입할 수는 없다. 이 말을 뒤집어보면 살 사람이 없다는 것이고 아직은 개인 간 전력거래는 불가능하다는 뜻이다. 비록 충전을 떠나 신재생으로 누구나 전기를 만들 수 있는 시대에 누구에게나 전기를 팔지 못하는 이유가 궁금하다.

이동 방식의
미래 권력

01 🛜

As A Service

자동차,
제조보다 중요한 것은 '활용'

최근 자동차업계의 화두는 단연 '케이스CASE, Connectivity, Autonomous, Sharing, Electrification'로 표현되는 연결 이동 수단이다. 그리고 케이스의 궁극적인 도착점은 운전자 없이 자동차 스스로 움직이는 셀프 드라이 빙Self-Driving이다. 그런데 완전한 자율이동 세계가 만들어지려면 정보 통신, 즉 IT의 결합이 필수적이다. 제아무리 사람의 감각이 발달해도 지식이 없으면 판단의 정확성이 떨어지고, 설령 지식이 있어도 빠른 정보 교환이 없으면 완벽성을 갖추기 어렵기 때문이다. 그래서 자동 차와 IT의 연결은 내외부 정보 간의 활발한 교류가 그 시작이다.

제품 개발 측면에선 그러한데, 사실 이용자 측면에선 단지 편하면 그만이다. 앱으로 이동 수단을 호출해 이동하고 목적지에 내리면 된 다. 이동에 필요한 비용은 앱으로 결제되고, 여러 이동 수단을 혼용할

kakao

믿고 부르는
카카오 T 택시

세상 편한
카카오 T 드라이버

실시간 주차장 찾기
카카오 T 주차

가장 빠른 길 안내
카카오 T 내비

모바일 속 카카오 모빌리티 세상

때는 연결에 따른 기다림도 없다. 소비자의 이동 시간과 비용을 줄여 준다는 점에서 이동 자체가 하나의 통합 서비스로 활용된다는 뜻이다. 요즘 자동차는 물론 교통 영역에서 사용되는 '타스Transportation as a Service' 또는 '마스MaaS, Mobility As A Service'의 개념이다.

　기본적으로 마스는 자동차 부문에서 언급되는 'CASE' 발전을 가장 활발하게 적용시킬 교통 모델로 주목받는다. 또한 기존 교통 사업자의 수익도 증가시키는 '윈-윈' 효과를 가져와 각광받는다. 실제 스웨덴 예테보리는 지난 2013년 지자체와 소프트웨어기업 그리고 도심 택시 및 버스, 트램 등의 운송사업자가 모여 마스 시스템을 구축했다. 그 결과 소비자의 대중교통 이용 빈도가 늘어 도심 내 승용차 운행이 줄어드는 효과가 입증됐다. 이후 핀란드의 마스 글로벌은 2016년부터 버스와 기차 등의 대중교통, 택시와 렌터카, 자전거 등을 활용해 월정액 서비스에 나섰다. 매월 일정액을 내면 어떤 교통수단이든 최적화된 경로로 횟수 제한 없이 이용할 수 있도록 했다. 맞춤형 교통서비스로 자가용 운행을 억제해 배출가스를 줄이되 기존 대중교통은 활성화시키는 일석이조 효과를 얻은 형국이다.

이런 움직임은 국내도 다르지 않다. 불과 10년 전만 해도 생소했던 다양한 서비스가 IT 발전에 힘입어 곳곳에서 시도되고 있다. 대표적으로 택시 호출에서 앱 사용은 이미 일반화됐다. 자동차 구매부터, 운행, 이동 수단의 이용에 이르기까지 IT의 역할은 눈부실 정도다. 특히 IT의 역할은 자동차 공유 부문에서 역할이 두드러진다. 이동 수단을 제조하거나 구입하지 않아도 교통사업을 할 수 있어서다. 이미 운행되는 자동차의 빈 공간을 연결해주는 일이다. 하지만 문제는 남는 공간이 너무 많다는 점이다. 생존을 위해 공간을 활용하는 기존 사업자 입장에서 자가용의 빈 공간을 활용하자는 제안은 공정하지 못할 수 있다. 북유럽 국가들이 마스 서비스에 자가용이 아닌, 기존 교통 사업자를 적극 참여시킨 것도 결국은 이동 수단의 공간을 한정하자는 차원이다. 다시 말해 굳이 새로운 (자가용) 이동 공간을 만들지 않겠다는 의도다. 그래야 자가용 운행이 줄어 교통 문제에 따른 사회적 비용을 줄일 수 있어서다.

이처럼 재빠른 변화는 자동차의 개념 자체를 바꾸고 있다. 지금까지 자동차는 사람이 운전의 즐거움을 느끼는 레져 행위, 때로는 자신만의 공간 영역이었지만 IT 개입이 늘면서 이동에 충실한 도구와 반드시 가지고 싶은 특별한 소유물로 보다 양극화되는 중이다. 소유물로서 자동차는 화려하고 고급으로 진화하는 반면 모빌리티로서 자동차는 여럿이 이용하는 지능형 이동 수단, 즉 로봇 자동차로 변신하고 있다.

이미 구글은 자율주행 택시 서비스에 직접 나섰고, GM과 토요타 등은 자동차를 개인 소유물과 단순 이동 수단으로 확연히 구분짓는 중이다. 프리미엄 브랜드는 소유욕 가치를 높이기 위해 최첨단 기능을 적용하고, 이동 수단으로서 자동차는 최저 비용으로 서비스를 제공하는데 집중한다.

이 과정에서 5G의 일반화는 필수적이다. 자동차와 주변의 모든 사물이 빠르게 연결될 수 있어서다. 한마디로 자동차가 사람과 같은 비서 역할에 한 걸음 다가가는 것이나 다름없다. 그리고 자동차와 자동차가 연결되고, 자동차와 건물의 연결이 완성할 마지막 단계는 바로 스마트 시티Smart City다. 연결, 그리고 데이터로 구분되는 세 가지 기술적 기반의 새로운 도시는 '거주 적합성Livability'이 핵심 가치이고, 마스MaaS 는 편안한 거주를 위한 효율적인 이동을 만들어주기 마련이다.

폭스바겐이 꿈꾸는 클라우드 세상

15년 전, 자동차의 미래를 진단할 때 전문가들은 배출가스와 효율성 향상을 위한 동력원의 변화에 집중했다. 하지만 앞으로 15년을 전망한다면 크게 마스에 활용되는 모빌리티와 소유욕에 기반한 프리미엄 자동차로 나눌 수 있다. 물론 지속적으로 효율과 배출가스 감소는 이뤄지겠지만 그보다 누가 먼저 기술로 마스를 완성할 것인가에 모아진다. 그리고 해당 분야에는 기존 제조사업자 외에 앱 기반의 교통사업자도 뛰어들기 마련이다. 제조를 하지 않아도 이미 제조된 자동차가 도시에 넘쳐나는 세상이니 말이다.

2022년,
모빌리티 분기점 될까

A에서 B까지 '탈 것'을 활용해 이동하기 위해선 기본적으로 두 가지 조건이 반드시 필요하다. 하나는 이동 수단이며 또 다른 항목은 흔히 운전자로 불리는 이동 수단의 조종자다. 여기서 운전은 이동이 필요한 사람이 직접 할 수도 있고 누군가 해주기도 한다. 전자를 자가 이동으로 여긴다면 후자는 택시, 버스 등의 대중교통이 대표적이다. 그리고 해당 산업은 지금까지 각각의 영역에서 발전해 왔다. 그러나 때로는 새로운 이동 수단의 등장이 또 다른 이동 경쟁을 만든 것도 사실이다.

　여기서 눈여겨볼 점은 이동을 원하는 주체의 구분이다. 사람 이동이 목적이면 여객, 물건 운송이 주력이면 화물로 분류하는데 둘 모두 기본적으로 이동 수단이 필요하다는 점에서 제조업은 언제나 산업의 중심에서 번성해 왔다. 이동 수단의 종류에 따라 이동 서비스와 방식 또한 적지 않은 영향을 받았던 탓이다. 덕분에 대표적인 이동 수단으로 꼽히는 자동차는 핵심 산업으로 평가되며 언제나 육성 및 보호의 대상이 된 것도 사실이다.

그런데 기술 발전에 따라 이동 수단에 집중되던 관심들이 '어떻게 이동시킬 수 있을까'로 조금씩 바뀌고 있다. 플랫폼 기반 IT기업이 이동 방식에서 기회의 틈새를 포착한 것이다. 이동이 필요한 사람과 이동 서비스 공급자를 플랫폼으로 연결하며 시선을 오로지 이용자에 맞췄다. 편리함을 체험한 수많은 이용자가 플랫폼 속에 모아지자 이제는 이용자의 구매력을 앞세워 이동 서비스의 주도권에 도전하는 중이다. 유상운송 사업을 벌이는 공급자와 이용자를 연결해 이동을 지배하려는 노력이다.

하지만 점차 규모가 커지면서 IT기업도 새로운 이동 수단의 필요성을 체감하고 있다. 이용자는 기능과 목적에 맞는 혁신적인 이동을 원하지만 서비스 공급자가 운용하는 이동 수단의 형태가 다르지 않아 차별화를 끌어내기 쉽지 않은 탓이다. 그럼에도 제조는 규모의 경쟁을 벌여야 생존이 가능한 업종이어서 막대한 투자가 필요한 데다 내연기관이라는 기술 장벽도 있어 섣불리 접근하기 어려운 영역이다.

이동의 주도권을 빼앗기지 않으려는 제조사들이 반대로 이동 서비스에 직접 진출하는 방안을 연구했고 경쟁을 위해 앞다퉈 체질을 바꾸는 중이다. 만들어 판매하는 이동 수단의 동력을 바꾸고 소유자 정보를 파악해 또 다른 이용자를 연결하겠다는 의지다. 실제 연간 판매되는 자동차의 숫자를 고려할 때 일정 시간이 지나면 IT기업 못지 않은 이용자를 확보할 수 있다. 이 과정에서 필요한 경우 M&A 등도 활발하게 전개하고 있다.

그럼 IT기업은 가만히만 있을까? 그렇지 않다. 이들 또한 호시탐탐 자신들의 이동 서비스에 투입 가능한 새로운 이동 수단의 직접 제조 가능성을 열어둔 상태다. 특히 대표적인 진입 장벽으로 분류되던 동력발생장치가 내연기관에서 전기모터로 바뀌기 시작하자 전혀 다른 시각에서 이동산업을 바라보고 있다. 이동 수단의 지능화 속도를 고려할 때 고수익 가능성 및 모바일 기기와의 연결성도 높은 만큼 이동 수단 직접 제조를 염두에 두고 있다. 최근 시선이 집중됐던 애플카 등이 대표적이다.

흥미로운 점은 이동서비스 시장에 에너지기업도 관심이 크다는 사실이다. 이동할 때 사용하는 에너지에 이들의 생존이 걸려 있어서다. 실제 이동 수단의 동력으로 사용되는 에너지는 휘발유, 경유, LPG, 천연가스 외에 배터리 전기 및 수소 등이 있다. 따라서 화석연료기업은 에너지 전환 속도를 늦추는 일에 매진함과 동시에 같은 에너지기업 간 점유율 빼앗기에 적극적인데 최근 수송 부문에서 SK가스의 행보가 그렇다. 이들이 모빌리티를 주목한 이유는 국내 수송 부문에서 LPG 에너지의 점유율을 늘리는 게 목적이라는 뜻이다.

결과적으로 이동은 그 어떤 분야보다 미래 생활 환경을 바꿀 수 있는 중요 산업이 아닐 수 없다. 단순히 이동 수단 제조에 머무는 게 아니라 이동에 대한 사람들의 욕구와 필요를 다양한 방법으로 충족시켜야 하고 이 과정에서 동력원(에너지), 그리고 동력발생장치 및 지능의 고도화 등이 수반된다. 그리고 IT기업은 이동을 원하는 소비자가 이동 과정에서 불편함을 갖지 않도록 노력하는데, 묘하게도 이들이 새로운 경쟁 구도를 만들어내고 있다. 본격적인 경쟁의 서막은 2022년이다. SKT와 우버가 손잡고 시장의 새로운 공룡으로 참여하게 됐으니 말이다. 하지만 이동 수단 제조기업의 행보도 만만치 않아 보인다. 지금까지 투자 단계였다면 2022년은 수확과 성장 시간으로 삼겠다는 포부를 밝히고 있다. 그래서 신축년의 모빌리티 전망은 흥미로울 수밖에 없고 그에 따른 다양한 산업적 융합이 기대되는 상황이다.

현대차가
모빌리티 기업이 된다는 것은

인류에게 움직임을 포함한 빠른 이동은 생존을 위한 필수항목이었다. 남보다 빠르게 이동해야 식량을 먼저 얻을 수 있었고, 싸움에서도 우위를 점했다. 인류 초창기부터 사람보다 발걸음이 빠른 말馬이 곧 무기이자 재산이 됐던 것도 같은 맥락이다. 그리고 보다 빠른 이동을 위해 인류는 지속적인 말의 품종 개량을 시도해 왔고, 속도는 점차 빨라졌다.

말은 수레 등장 이후 용도에 따라 기능적으로 세분화됐다. 사람을 태우고 전쟁터에 나가는 말은 여전히 빠른 기동성을 우선했던 반면 수레를 끌 때는 속도보다 힘이 주목받았다. 더 많은 힘을 얻기 위해 견인마의 숫자를 늘렸고, 때로는 힘이 넘치는 말을 별도로 사육하기도 했다.

그렇게 중세시대를 거쳐 18세기에 증기기관이 등장했다. 증기기관을 발명한 제임스 와트는 사람들에게 기관Engine이 만들어내는 힘을 설명하기 위해 말 한 마리가 수레를 견인하는 힘을 가정해 '마력馬力'

이라는 개념을 고안해냈다. 이후 높은 견인력을 자랑하는 엔진은 동일한 힘을 얻기 위해 말 여러 마리를 묶어야 하는 번거로움을 없앴고, 이른바 '엔진의 시대'로 들어섰다.

물을 끓였을 때 뿜어져 나오는 증기 힘을 활용한 증기기관은 불편함이 적지 않았다. 그러자 연료를 엔진 안에서 직접 태워 동력을 얻는 내연기관이 등장했고, 150년 동안 눈부신 발전을 거듭하며 지금에 다다랐다.

그러나 역기능도 많았다. 사고로 목숨을 잃는 일이 끊이지 않고, 이동에 필요한 에너지를 소모할 때 지구를 위협하는 배출가스가 골칫거리로 등장했다. 그러자 사람의 운전 역할을 최대한 줄이는 시도가 이어졌다. 사람보다 기계의 판단이 이동 수단 움직임을 제어하는 데 효과적이라는 걸 검증했고, 운전자를 탑승자로 바꾸려는 시대가 왔다. 이른바 자율주행 이동 수단의 등장이다. 화석연료 기반의 내연기관시대를 끝내고 지속 순환이 가능한 친환경 에너지를 이동의 동력으로 삼으려는 노력도 병행했다. 최근 전기와 수소 등이 주목받는 이유다.

이동 수단이 이처럼 두 가지 방향으로 발전할 때 개별 이동 수단의 연결이 더해진 데에는 IT 기술의 역할이 컸다. 사람과 사람이 모바일로 연결되는 것처럼 이동 수단과 이동 수단을 통신 매개체로 활용하면 사고도 줄이고, 효율적인 동력 사용이 내연기관의 배출가스 문제도 해결할 것으로 믿었다. 게다가 연결만 잘 하면 이동 수단 제조가 아니라 이동하는 모든 걸 서비스 도구로 사용할 수 있는 가능성도 발견했다. 이동의 궁극적인 경쟁이 '누가 이동 수단을 잘 만들 것인가'에서 '누가 더 좋은 이동 서비스를 제공할 것인가'로 달라진다는 사실이

불변의 진리가 됐다는 뜻이다.

이런 가운데 현대자동차 정의선 수석 부회장이 인도에서 열린 '무브 MOVE 글로벌 모빌리티 서밋'에서 기조연설을 했다. 현대차의 미래를 '친환경 이동성', '이동의 자유로움' 그리고 '연결된 이동성' 제공 기업으로 규정했다. 여기서 친환경 이동성은 수소전기차를, 이동의 자유로움은 자율주행 이동 수단을, 연결된 이동성은 이동 수단이 아니라 이동 서비스를 제공하는 걸 각각 의미한다.

현대차뿐 아니라 정 부회장의 생각은 모든 이동 수단을 제조하는 기업, 특히 자동차회사가 공통적으로 추구하는 미래 목표다. 그런데 깊은 이면까지 들여다보면 일찌감치 운송사업에 진출한 포드처럼 현대차 또한 운송사업을 하겠다는 뜻도 품고 있다. 이동 수단 제조사인 만큼 이동이 필요한 모든 곳에 서비스를 제공할 수 있으니 말이다.

지금은 여전히 이동 수단 구입을 원하는 소비자에게 자동차라는 이동 수단을 직접 판매하는 게 핵심이지만 점차 제조사가 자동차를 빌려주거나 이동 서비스를 제공하며 비용을 받으면 현재 구축한 다양한 교통 서비스와 겹치기 마련이다. 실제 폭스바겐그룹이 추구하는 공유 서비스 '모이아MOIA'의 궁극적인 목표도 '모든 이동 시장의 장악'이라는 점을 떠올리면 현대차의 미래 전략도 이와 크게 다르지 않다는 얘기다.

그러나 이동 수단 제조업이 이동 서비스에 진출하는 건 직접 제조물을 구매한 뒤 사람들을 태워 돈을 받았던 운송사업자의 몰락을 가져올 수 있다. 그럼에도 흐름은 이미 시작됐다. 얼마나 편리하게 그리고 빠르게 이동시킬 수 있을 것인지 이동 수단 제조단계부터 고민하면 이동 서비스의 경쟁력 확보는 시간문제가 아닐 수 없다. 그래서 현대차가 모빌리티기업이 된다는 건 자동차 제조가 아니라 제조물을 활용한 운송사업자로 전환한다는 뜻이다. 원하든 원하지 않든 물결은 그렇게 흐르고 있으니 말이다.

자동차회사는
왜 카셰어링에 주목할까

카셰어링이 진화하고 있다. 카셰어링은 무인 차고지에서 스마트폰 앱을 통해 필요한 만큼 편리하게 차를 빌려 탈 수 있는 공유경제 서비스다. 국내에선 공유차를 다시 대여하는 이른바 '제로카셰어링'도 운영되기 시작했다. 장기렌터카처럼 일정 기간 차를 빌려주되 본인이 차를 쓰지 않을 때 다른 사람이 이용할 수 있도록 하는 방식이다. 더불어 세단과 SUV 공유도 등장했고, 회사와 직원 간 공유도 인기를 끌고 있다. 그렇다면 자동차회사는 이런 흐름을 어떻게 바라볼까.

미국 시장예측 전문회사인 RL폴크polk가 지난 2013년 미국 내 자동차 소유자들의 평균 자동차 보유기간을 집계했더니 11.4년으로 나타났다. 2010년의 10.8년보다 7.2개월 늘어났다. 그리고 2015년 IHS가 같은 조사를 했을 때 평균 보유기간은 11.5년으로 또다시 증가했다.

흥미로운 사실은 보유기간이 늘었어도 평균 주행거리는 오히려 짧아졌다는 점이다. 미국 공익연구그룹PIRG이 2009년 미국 내 젊은 세대(16~34세)의 자동차 운행거리의 통계를 내본 결과 2001년보다 23% 줄었다는 결과를 얻었고, 연령이 높아져도 결과는 크게 다르지 않았다.

그리고 이런 현상은 한국도 마찬가지다. 2013년 교통안전공단이 발표한 국내 자동차 주행거리는 하루 평균 43.6㎞로 2002년 대비 28.8% 줄었다. 특히 자가용은 같은 기간 36.3% 감소했다. 해당 기간에 자동차 등록대수는 500만대 증가했지만 주행거리는 짧아졌다는 얘기다. 더불어 한국자동차산업연구소에 따르면 국내 소비자의 자동차 보유기간도 2000년 5.4년에서 2013년에는 7.2년으로 증가했다.

이처럼 자동차 보유기간의 증가와 주행거리의 축소를 바라보는 자동차회사는 위기를 느끼지 않을 수 없다. 그만큼 신차 교체 주기가 길어져 판매가 정체될 수밖에 없으니 말이다. 게다가 제품 개선으로 자동차 수명이 늘고, 대중교통의 발달과 컴퓨터 게임 활성화로 자동차를 불필요하게 여기는 사람이 증가하는 점은 공장을 끊임없이 가동시켜야 하는 자동차회사에게 그 자체가 곧 위기인 셈이다.

그래서 꺼내든 카드가 자동차의 평균 주행거리 늘리기다. 주행거리를 늘리면 새 차를 구매하려는 수요가 발생하고, 이는 곧 공장 가동을 유지하는 수단이 될 수 있다. 그렇다면 어떻게 주행거리를 늘릴 수 있을까? 완성차회사가 주목한 것은 바로 카셰어링, 나눠 타기 시장이다. 하루 평균 23시간에 달하는 주차 시간을 줄이면 그만큼 운행거리가 증가하기 마련이고, 자동차 또한 소모품으로 본다면 신차 수요가 유지될 수 있다. 게다가 나눠 타기는 자동차 보유자가 직접적인 경제적 이익을 얻을 수 있어 제대로 활성화되면 소비자와 자동차회사 모두 '윈-윈'이 가능하다. 최근 GM, 벤츠, BMW, 기아, 토요타, 포드 등 대부분의 완성차회사가 나눠 타기 시장에 적극 진출한 것도 결국은 생존을 위한 필수 선택이었던 셈이다.

물론 현실에서 나눠 타기는 당장 완성차 판매의 발목을 잡을 수 있는 사업이다. 컨설팅업체 맥킨지에 따르면 나눠 타기 사업 활성화로 지난 5년간 연평균 3.6%였던 신차 판매 증가폭은 2030년에 이르면 2%대로 감소한다. 굳이 자동차를 소유하지 않아도 되는 시대가 열리기 때문이다. 그럼에도 완성차회사가 나눠 타기에 적극 진출하는 이유는 제조역량의 유지 때문이다. 게다가 운전자가 필요 없는 자율주행차의 등장은 새로운 게임 체인저가 될 가능성도 있다. 다시 말해 자율주행차는 새로운 자동차회사의 등장을 가져오기 마련이고, 이는 곧 기존 자동차회사의 사업 구조를 통째로 바꿀 수 있다는 의미다.

사실 자동차회사 입장에서 완성차 판매 대상은 개인이든, 나눠 타기 기업이든 관계가 없다. 대표적으로 나눠 타기 선두업체인 우버는 자동차를 만들지 않는다. 하지만 사업을 영위하려면 제조 기반의 완성차 파트너가 필요하고, 완성차기업은 우버와 같은 나눠 타기 회사에 자동차를 판매하면 그만이다. 그들이 자동차를 구매해 운송사업에 투입해 주행거리를 늘려준다면 그것만으로도 고마운 일이어서다.

하지만 자율주행의 등장이 가져올 결과는 조금씩 다르다. 완성차회사에게 자율주행차는 제조업의 확장일 뿐이다. 어차피 여러 운송 수단의 하나로 자동차를 바라보는 만큼 판매 대상은 변하지 않는다. 그러나 제품을 구입하는 나눠 타기 기업에게 자율주행차는 새로운 제조업의 진출을 의미한다. 그래서 기존 자동차회사의 장벽을 넘기 위해 상대적으로 설계와 생산이 쉬운 전기차를 주목한다. 단순히 IT와 자동차가 섞이는 것에 머물지 않고 상대의 사업 영역을 적극 침범하게 된다는 의미다. 자율주행차라는 제조물은 기술적으로 IT와 완성차의 경쟁 또는 협력의 결과물이지만 여기서 얻어진 제조물자율주행차을 사업에 활용하는 분야는 '운송'이라는 틀에서 같다는 뜻이다. 차이가 있다면 나눠 타기 사업은 운송에 따른 요금을, 자동차회사는 제조물 판매를 통해 수익을 보전하는 것뿐이다.

그런데 나눠 타기가 자동차 신차 수요에 영향을 주는 만큼 완성차 회사는 새로운 수익원 발굴에 나설 수밖에 없다. 그리고 주목할 것은 자동차회사가 직접 나눠 타기에 진출하는 방법이다. 신차 판매 정체에 따른 제조 수익의 일부를 운송으로 대체하는 것은 어렵지 않아서다. 반면 나눠 타기 기업은 자동차회사의 운송사업 진출이 불안하다. 그래서 이들도 전기 기반의 자율주행차 제조에 뛰어들 가능성이 매우 높다. 결국 IT와 자동차가 어우러져 자율주행차로 변하면 제조와 운송도 하나의 영역으로 묶이게 된다는 얘기다. 포드가 미래의 사업구조를 자동차 제조와 운송으로 나눈 배경도 바로 여기에 있다. 그러니 나눠 타기는 자동차회사에게 위기이기도 하지만 새로운 기회로 볼 수도 있다. 단, 생각의 범위를 어디까지 확장하느냐에 따라 기업의 명운이 달라질 뿐이다.

덕분에 최근 카셰어링도 진화하고 있다. 서로 전혀 얼굴도 모르는 사람들이 필요할 때 이용하다가 주 운전자를 선정하는 제로 카셰어링이 등장하더니 회사 내 직원과 법인의 나눠 타기도 등장했다. 나아가 아파트에 공유차를 놓고 공동주택 주민들이 이용하는 카셰어링도 나타났고, 렌탈회사가 세단과 SUV 구매자를 서로 연결해 필요할 때 바꿔 이용하는 방식도 만들어졌다. 공유의 범위 자체가 무한대로 확장되는 중이다.

공유 거대화를 향한
완성차의 몸부림

프리미엄 자동차 분야의 경쟁자인 다임러벤츠와 BMW가 결국 손을 잡았다. 벤츠의 공유 서비스 '카투고Car2Go'와 BMW의 '드라이브나우DriveNow'를 하나로 합친 것. 양사는 서비스 기술 공유에 머무르지 않고 아예 사업 자체를 통합해 '셰어나우ShareNow'를 소개했다. 이를 통해 두 회사가 제공 중인 12가지 모빌리티 공유 서비스를 글로벌 곳곳에 소재한 400만 명의 가입자가 이용할 수 있도록 했다.

양사가 손잡은 것은 모빌리티 공유 서비스도 프리미엄으로 차별화시키기 위해서다. 목적지까지 이동하되 프리미엄 자동차를 이용하면 그만큼 편안하다는 사점을 부각시키는 차원이다. 이를 통해 제품 경

SHARENOW   DriveNow COUNTRIES CONTACT US

SHARE NOW cars worldwide

Enjoy premium cars – without the price tag. We have a thing for nice rides and put only the most iconic models at your fingertips. When you car-share with SHARE NOW, you'll always be in the driver's seat of the world's most coveted and exciting vehicles. Go on, make them jealous.

| Mercedes-Benz | BMW | MINI | smart |
| Elegance personified. | Ready for anything. | Style and swag. | Size matters. |

벤츠와 BMW의 통합 공유서비스 브랜드 셰어나우

험을 만들어내면 구매와 연결될 가능성도 높아질 수 있어서다. 한마디로 모빌리티 공유 서비스도 프리미엄 제품을 앞세워 시장을 나누겠다는 의지다.

사실 공유 서비스를 바라보는 자동차 제조사 및 IT 서비스 기술 제공자의 시각은 전혀 다르다. 제조사는 기업의 본질 자체가 제조업인 만큼 제조물 판매 창구로 모빌리티 사업을 바라보는 반면 공유사업자는 제조사와 무관하게 모든 운송 수단을 이동 서비스 도구로 삼는다. 예를 들어 우버는 이동 서비스가 필요한 소비자 및 서비스로 수익을 원하는 운전자를 온라인으로 연결, '수수료'라는 이익을 만들어내지만 자동차회사는 제조물 판매를 통해 이익을 확보하는 게 차이점이다. 따라서 완성차회사에게 우버와 같은 공유 기업은 제조물을 직접 구매하는 소비자가 아직은 아닌 셈이다.

하지만 자동차회사가 우버와 디디추싱과 같은 거대 공유기업 견제에 나서는 이유는 분명하다. 이들 또한 운송 수단 제조에 얼마든지 직접 뛰어들 수 있다고 보기 때문이다. 기본적으로 공유사업자의 현재 수익 구조는 서비스 제공자로부터 가져가는 수수료가 전부다. 예를 들어 6km를 이동할 때 1만 원의 요금이 부과됐다면 우버는 운전자와 이용자를 연결해준 대가로 25%인 2,500원을 가져간다. 이용자가 늘어날수록 수익도 많아진다.

그런데 문제는 공유사업의 확장성이다. 치열한 경쟁으로 성장이 정체될 경우 수익은 비용 절감에서 비롯될 수밖에 없다. 여기서 비용 절감은 이동 서비스를 제공하는 개별 운전자 부담을 줄이는 게 시작이다. 따라서 연료비를 줄이기 위해 저비용 고효율 이동 수단 활용이 추천되고, 이때 적절한 이동 수단을 공유사업자가 직접 만들어 운전자에게 제공할 수도 있다. 이 경우 이동 수단 구매 가격이 낮아지고, 이동에 필요한 에너지 비용이 줄어 서비스 사업자는 수수료 극대화를 노릴 수 있다.

또 한 가지는 경로의 최적화를 통해 이동 간 불필요한 소모 시간을 줄이는 일이다. 길 위에 머무는 것 자체가 에너지 손실인 만큼 지정체를 최대한 피할수록 비용은 낮아진다. 비행기 및 기차는 좌석 등급에 따라 가격을 달리 매기는 게 일반적이지만 자동차는 차급에 따라, 그리고 이동 시간에 따라 요금을 달리할 수 있다. 사망 사고로 잠시 주춤하지만 우버와 같은 자가용 호출 서비스기업이 자율주행 시험을 멈출 수 없는 이유도 여기에 있다.

따라서 자가용 호출 서비스기업의 덩치가 커질수록 기존 자동차업계의 긴장감은 높아지기 마련이다. 직접 제조에 나서지 않더라도 공유기업 자체가 거대 구매 플랫폼이 될 수 있어서다. 예를 들어 중국 내 디디추싱이 특정 제조사 브랜드 보유자만 판촉 차원에서 이동 서비스 수수료를 낮춰주면 해당 제품의 판매가 늘어날 수 있다. 이 경우 규모가 작은 완성차회사는 절대적으로 불리하다. 볼보가 우버와 적극적 협업을 꾀한 것도 크게 보면 구매 플랫폼으로서 우버의 활용 가치가 높기 때문이며, 우버 또한 안정적인 제조물 공급자를 확보한 형국이다.

따라서 BMW와 다임러의 공유 결합은 그리 낯선 풍경이 아니다. 사용자 경험을 늘려 탑승 소비자의 다음 차종으로 프리미엄을 유도하는 마케팅이다. 하지만 폭스바겐그룹처럼 구매 플랫폼 활용 가능성을 높이는 경우도 있다. 폭스바겐그룹 공유 서비스 브랜드 모이아MOIA는 다양한 이동 수단 판매 창구이자 제품 경험의 최일선이나 다름 없다.

또 하나 주목할 점은 판매 플랫폼의 역할이다. 지금이야 우버처럼 자동차회사도 운전 파트너들에게 모든 차종을 열었지만 궁극에는 해당 브랜드 제품 보유자만 사업에 참여시키는 방안도 있다. 이 경우 공유사업자의 가장 큰 핵심은 운전 파트너들에게 더 많은 수익을 만들어주는 일이 될 수밖에 없다. 그래야 새롭게 참여할 파트너들이 해당 브랜드 제품의 구매 가능성을 높이게 된다. 나아가 적극적인 파트너로 활동한 사람에게 일종의 마일리지 등으로 새 차 살 때 혜택을 줄 수도 있다. 그래야 공유사업이 새 차 판매의 플랫폼 역할이 되기 때문이다.

이런 이유로 우버와 같은 공유사업자가 가장 절실한 것은 자율주행 인공지능 기술을 확보하는 일이다. 그렇지 않으면 이동 수단 제조 능력을 보유한 자동차회사에 공유사업 자체가 밀릴 수 있다. 자동차회사는 운송 수단과 이동을 동시에 판매하지만 공유기업 또한 둘 가운데 하나인 이동을 판매하는 만큼 본질적으로 경쟁은 불가피한 셈이다.

02 ✳

소유와 공유

자동차를
기꺼이 사겠는가

프랑스의 유명한 철학가 장 보드리야르Jean Baudrillard, 1929~2007가 제시한 소비의 목적은 크게 세 가지다. 첫째는 제품의 본질적인 기능이 필요할 때이고, 둘째는 기능뿐 아니라 정서적인 만족감을 얻기 위해서, 그리고 세 번째는 기능과 정서를 포함해 제품이 지닌 또 다른 가치를 소유하려는 목적이 발현됐을 때다.

보드리야르의 소비 목적을 자동차에 비유하면 첫째는 '이동'이라는 본질적 기능이 필요할 때 구매하고, 나아가 기본 이동 외에 이동 과정을 보다 편하게 만들어주는 자동차를 원하고, 마지막으로 '이동+편의성'에 '브랜드'라는 무형의 가치까지 소비 대상이다.

그리고 여기서 핵심은 '욕구'라는 항목의 성격이다. 보드리야르에 따르면 인간의 욕구는 다른 사람과의 관계까지 고려되는 상대성이 중요하다. 단순한 이동이 필요해 자동차를 구매한다면 저렴하고 경제적인 이동 수단을 사면 되지만 소득이 늘어날수록 편의성에 관심을 갖고, 나아가 브랜드로 관심 비중이 옮아가는 것은 다른 사람과의 관계를 고려한 '사회성'을 담고 있다는 뜻이다. 쉽게 보면 경차를 보유하다 편의성이 높은 중대형 차로 바꾸고 남들의 시선을 의식해 프리미엄 브랜드를 산다는 얘기다.

물론 이런 흐름은 오랜 기간 지속돼 왔으며 현재도 진행형이다. 소득이 늘어날수록 자동차로 사회적 지위를 드러내려는 욕구가 좀처럼 줄지 않아서다. 따라서 유기적인 관계로 얽힌 현대 사회에서 프리미엄 자동차는 언제나 소유 욕구를 자극하는 대상이다. 실제 국내 또한 소득이 증가할수록 경차와 소형차 판매는 감소하는 반면 중대형 및 프리미엄 자동차 판매가 증가하는 점은 보드리야르의 소비 이론을 잘 보여주는 대목이다.

그런데 보드리야르 소비 이론이 달라질 수 있는 요인이 생겨났다. 자동차가 늘어나면서 발생한 이동의 복잡함이다. 도로가 정체될수록 이동 과정이 불편해져 자동차가 필요할까를 되묻는 사람이 늘어난다는 뜻이다. 보드리야르의 소비 이론이 자동차를 하나의 소유 물질로 규정할 때 도로의 복잡성은 소유욕을 낮추는 사회적 요인이 될 수 있다. 이를 두고 공유경제 예찬론자들은 도로가 밀릴수록 자동차의 1차적이자 본질적 기능에서 이동의 불편함이 형성되고, 나아가 편의품목 구비에 따른 이동의 편리함과 브랜드 가치를 높이 평가하는 욕구마저 낮춘다고 목소리를 높인다.

하지만 반대 시각도 만만치 않다. '이동'이라는 본질은 굳이 자가용

을 보유하지 않아도 대중교통으로 해결할 수 있는 기능적 관점이지만 사회적인 관계에서 다른 사람보다 좋은 차를 사려는 본능적 욕구는 기능과 차원이 다르기 때문이다. 쉽게 보면 인간의 소유 본능이 결부된다는 점에서 자동차에 특정된 공유경제에 회의적인 시각을 보내는 이들도 적지 않다.

그렇다면 소유 대상의 자동차가 주는 장점은 무엇일까? 크게 보면 개인의 사적인 공간, 그리고 필요할 때 바로 사용 가능한 즉시성 및 남들과 다르게 보이는 과시성 등이다. 물론 이런 편익을 얻으려면 그만큼 불필요한 지출도 늘어나기 마련이다. 사용하지 않아도 시간이 흐르면 잔존가치가 떨어지는 탓이다.

따라서 실질적인 공유경제로 돌아서려면, 다시 말해 렌탈 등이 자가용 소유를 줄이려면 보드리야르가 말한 소비 목적 가운데 사회적 관계에서 형성되는 '남들과 다른 좋은 차'를 원하는 욕구도 줄어야 한다. 이를 위해선 이동 수단을 바라보는 관점이 누구나 소유보다 '이용'에 무게중심을 두는 사회적 인식이 확산돼야 하지만 현실은 그렇지 않다. '남들과 다르다'는 점을 손쉽게 보여줄 수 있는 제품으로 자동차를 능가하는 대상 찾기가 쉽지 않아서다. 자동차회사마다 프리미엄 브랜드로 도약하기 위해 모든 노력을 쏟아붓는 것도 결국은 같은 맥락이다.

그럼에도 자동차 및 승차 공유가 미래에 주목받을 것으로 전망하는 사람이 넘쳐난다. 특히 4차 산업과 자동차 공유 등을 결부시키며 미래의 새로운 산업을 형성해야 한다고 강조한다. 그렇다면 자동차에서 이동이라는 기능적 측면만 부각된 '공유' 개념이 사회적 관계로 만들어지는 소유욕을 억제할 수 있을까? 나아가 대중교통 확대로 이동에 불편함이 없으면 자동차를 사지 않을까? 섣부른 예측은 어렵지만 오랜 시간 빌리는 것장기렌탈 또한 엄밀하게는 일정 기간 '독점적 소유'라는 점을 떠올리면 소유욕은 쉽게 사라질 것 같지 않다. 게다가 이동하는 본질 외에 이동 수단에 담겨진 편익과 가치는 언제나 소유 욕구를 자극하기 때문이다.

자동차,
빌려 타는 방법의 홍수 시대

자동차를 사는 것과 빌려 타는 것. 어디까지나 개인 선택의 문제다. 발전의 시작은 구매 방식에서 비롯됐다. 어떻게든 제품을 팔아야 하는 제조사가 이자 수익을 원하는 금융사와 손잡고 만든 금융상품이 대표적이다. 전액 현금으로 사도되고 금융사 돈을 빌려도 된다. 심지어 무일푼도 자동차를 구매할 수 있다. 물론 빌린 돈은 일정 기간 나눠 이자와 같이 갚지만 금융 측면에서 자동차는 부동산처럼 빌려준 돈을 회수할 수 있는 확실한 담보물이라는 뜻이다.

그런데 한편에선 일정 기간 타다가 되팔 생각인데 번거롭게 각종 서류절차를 직접 처리하며 구매할 필요가 있느냐를 고민했다. 그래서 사업자가 차를 대신 구매한 뒤 일정 기간 비용을 받고 빌려주는 렌탈이 등장했다. 어차피 금융사로부터 돈 빌려 구매하는 것과 렌탈사업자로부터 빌리는 것의 차이가 크지 않다는 점을 파고들었다. 금액 차이가 있지만 둘 모두 매월 돈을 내기는 마찬가지여서다.

그러자 금융사도 빌려주는 사업에 뛰어들었다. 렌탈사업자가 자동차라는 제품을 구입해 빌려주는 것이나 금융사업자가 공산품인 자동차를 구매한 뒤 이를 일종의 금융상품으로 빌려주는 방식의 차이가 없어서다. 이른바 리스와 렌탈이다. 예를 들어 3,000만 원짜리 중형 세단의 대여 사업을 전개할 때 렌탈사업자는 자동차를 빌려주는 것이고, 리스사업자는 3,000만 원을 빌려준 것으로 인식될 뿐 본질은 같다.

그리고 둘 가운데 자동차를 빌려주는 것은 기간에 따라 단기와 장기로 구분됐다. 나아가 짧은 기간 빌리는 단기短期는 다시 '일日' 기준에서 '시時' 단위로 시간이 쪼개지며 초단기로 파생됐다. 마치 4차 산업의 총아인 것처럼 '카셰어링Car Sharing'이라는 그럴듯한 이름의 사업이바로 초단기 렌탈사업이다. 넓은 범주에선 카셰어링도 렌탈의 한 부분일 뿐 4차 산업과 아무런 관련이 없다는 주장의 배경이기도 하다.

렌탈의 진화는 여기서 멈추지 않았다. 일정 기간 빌려서 타되 필요에 따라 차를 바꾸고 싶은 인간의 욕망을 자극했다. 이른바 '서브스크립션Subscription', 우리말로 약정 렌탈이다. 미국에서 시작된 약정 서비스는 일정 비용을 내면 여러 자동차를 필요에 따라 바꿔 이용할 수 있는 렌탈 방식이다. 기존 렌탈 사업자가 세단과 SUV를 직접 구매해 각각의 차종을 빌려주었다면 약정 서비스는 제조사가 렌탈사업자로 변신해 세단과 SUV 등을 섞어 이용하도록 만든 서비스다.

그런데 사업 초기라는 점에서 수익성에 문제가 생겼다. 소비자들의 이용 행태가 보유 때와는 달랐기 때문이다. 실제 미국 내 캐딜락은 비용 문제로 약정 서비스를 중단했다. 이용자에게는 좋지만 제품의 손상, 24시간 배송, 청결 관리 등의 비용이 예상보다 과도해 오히려 손해가 나기 때문이다. 한 달에 200만 원을 내면 캐딜락 18개 제품을 모두 이용할 수 있도록 했는데, 손익 계산을 철저히 따져 상품을 내놨음에도 사람들의 이용 행태가 천차만별이었던 탓이다. '빌릴 때는 새 차', '탈 때는 아무렇게나'가 반복되면서 손상율이 높은 게 이유가 됐다. 하지만 소비자도 할 말은 많다. 일반적인 리스보다 약정 서비스 이용료가 비쌌기 때문이다. 당연히 소비자 눈높이가 올라갔고, 늘 새 차를 원하는 마음이 앞섰다.

그럼에도 약정 서비스는 새로운 렌탈 방식으로 향후 각광받을 것 같다. 제조사로선 제품을 경험시키는 좋은 창구이지 않는가. 캐딜락과 달리 볼보, 포르쉐 등 대부분의 자동차회사가 미국에서 약정 서비스를 활발히 운영하는 배경이다.

그런데 달리 보면 약정 서비스도 렌탈일 뿐이다. 굳이 비유하면 '자동차 나눠 빌려 타기'다. 최근 '자동차 나눠 타기'가 새로운 모빌리티 사업으로 주목받는다면 렌탈도 나눠 타기로 세분화하는 셈이다. 한 대를 여러 사람이 필요할 때 이용하는 것은 본질적으로 같기 때문이다. 따라서 렌탈 시장은 향후 '소유 같은 공유 서비스'를 누가 먼저 내놓느냐가 경쟁력이다. 공유하고 싶지만 소유하고 싶은 인간의 마음은 쉽게 변하지 않기 때문이다.

자동차 '렌탈'은 굴뚝, '카셰어링'은 첨단?

자동차를 돈 받고 빌려주는 것을 흔히 '렌탈Rental'이라고 한다. 렌터카 사업은 '자동차'라는 물건을 렌탈사업자가 제조사로부터 구입한 후 일정 기간 제3자에게 빌려주고 임대료를 받는 비즈니스다. 물론 빌려주는 방식에 따라 '자동차'라는 물건을 빌려주면 렌탈사업, 즉 자동차 대여사업이고, 자동차를 '돈' 대신 빌려주면 금융업법에 포함되는 금융리스사업자다. 사용자 입장에선 '자동차'라는 이동 수단을 빌려 타는 것이지만 빌리는 것을 자동차로 보느냐, 아니면 금전으로 분류하는 것의 차이일 뿐 '임대'라는 본질은 같다.

그런데 최소 10~30분 단위로 빌려주는 대여사업자가 등장하며 스스로를 '카셰어링'이라고 부른다. 이들은 기존 장기렌터카사업과 차별화된다는 점을 들어 '카셰어링'을 내세운다. 본질은 여객운수사업법이 규정한 자동차 대여사업이지만 앱을 통해 짧은 시간 편리하게 빌릴 수 있음을 앞세워 마치 4차 산업혁명의 최전방에 있는 것 같은 착시를 일으킨다. 그럼 10~30분을 넘어 6~24시간, 1~30일, 1~3년 등의 기간을 빌려 타거나 빌려주는 사업은 카셰어링Car Sharing이 아닐까? 반대로 '빌려 타는' 방식의 사업은 동일하지만 이용 시간이 1시간 미만일 경우에만 '카셰어링'일까? 법적으로는 모두 자동차 대여사업자인데 하나는 카셰어링, 다른 하나는 그냥 렌터카사업으로 불러야 할까?

최근 스스로를 '카셰어링'이라 부르는 쏘카가 흥미로운 얘기를 내놨다. 자동차를 소유한 사람임에도 편리성과 합리성 측면에서 해당 기업의 렌터카를 빌려 탄다는 내용을 발표했다. 이 점에 비춰 "카셰어링 이용이 보편화되면서 장거리 운행이 늘었다"고 해석했다. 장거리 렌탈을 군이 '카셰어링'이라고 언급해가며 40대 이상의 소비자가 전년 대비 100% 이상 늘어난 점도 강조했다. 이미 자동차를 많이 보유한 40대가 잠깐 차를 빌려 장거리에 이용한다는 것이다. 그 이유로 바로 자가용보다 합리적인 이용 요금을 꼽았다. 연료비는 같아도 보험료, 주차비 등의 부수적인 지출이 필요 없었다는 점이다. 이 말은 일반 렌터카보다 저렴하다는 것 외에 달리 해석할 방법이 없다. 가격이 저렴하니 기존 렌탈 또는 택시 수요가 초단기 렌탈로 이동했다는 의미다.

그렇다면 특히 40대 이상이 자동차를 보유자들이 군이 자신의 차를 주차장에 놔두고 짧은 기간 차를 빌려 장거리를 가는 이유는 대체 무엇일까? 이 부분에 초점이 맞추어진 연구 결과는 아직 없지만 가장 기본적인 이유는 '운전의 피로도' 때문이라는 게 전문가들의 분석이다. 나이가 들수록 신체의 피로도를 높이는 운전 욕구는 떨어지되 이동은 편리해지려는 욕구는 강해진다. 그러니 도시와 도시를 이동할 때는 초고속 교통망을 활용하고, 목적지에 도착해 차를 빌린다. 해당 시장을 겨냥한 할인 상품이 많아졌고, 40대 이상에 어울리는 중대형 렌터카가 늘어난 점도 배경으로 꼽힌다. 빌릴 수 있는 차가 경차와 소형차에서 중대형으로 확대되니 40대 이상도 손쉽게 이용한다는 시각이다.

지역별로 초단기 렌탈사업자가 많아지면서 국내 렌탈 시장도 춘추전국시대로 접어들고 있다. 이 과정에서 새로운 형평성 문제가 떠오르는 중이다. 초단기로 시작했던 렌터카 사업자가 '카셰어링'을 수식어로 내세우며 시장이 커지자 관련 스타트업들의 공영 주차장 차고지 제공 요구가 커지고 있어서다. 초단기 렌탈 시장이 빠르게 자리잡을 수 있었던 이유는 자치단체들의 공영 주차장 제공이 큰 역할을 했기 때문이다. 그리고 국민의 세금으로 구축된 공영 주차장이 '카셰어링'이라는 단어로 포장된 렌터카기업의 차고지로 활용된다는 것 자체가 '특혜'라는 목소

공영 주차장을 차고지로 사용하는 서울시 나눔카

리다. 이들 또한 수익을 추구하는 것은 기존 렌터카사업과 다를 바 없는 데다 같은 사업을 하려는 후발 기업은 공영 주차장이 제공되지 않아서다. 게다가 동일한 렌터카사업자임에도 단순히 수식어로 '카셰어링'을 쓰는 곳은 공영 주차장을 차고지로 쓰고, 그렇지 않은 곳은 사용할 수 없다는 논리는 공정치 못하다는 의견도 설득력을 얻는다.

하지만 자치단체가 모든 렌터카사업자에게 공영 주차장을 차고지로 내어주는 것도 문제다. 이는 결국 시민들의 또 다른 불편을 만들어내기 때문이다. 자동차를 집에 두고 렌터카를 이용하라는 것이고, 그래야 도심의 정체가 줄어든다는 차원이지만 반대로 보면 자가용을 아파트에 세워둔 채 도심의 초단기 렌터카만 늘어나는 것으로도 볼 수 있다. 오히려 이들이 도심 정체를 일으키는 이유가 될 수 있다는 말이다. 그래서 도심 내 초단기 렌터카의 증대가 자가용 운행을 줄인다는 것은 현실성이 떨어진다. 렌터카는 오로지 이용의 측면이지만 자가용은 이용과 소유의 측면이 모두 적용되기 때문이다. 초단기 렌터카 확대가 소유된 자가용의 이용을 낮춘다고? 오히려 자가용이 필요에 따라 '이용'에 나서면 도심은 더욱 복잡해질 수 있다. 그것도 소유를 장려하는 국내에서는 더더욱 말이다.

카풀은
공유인가 아닌가

한국을 찾은 미국 뉴욕대 뉴스쿨의 트레버 숄츠 교수는 우버와 같은 카풀 기업이 사용하는 '공유Sharing'라는 용어는 잘못됐다고 지적했다.

카풀 기업이 원하는 것은 공유가 아니라 온라인으로 수요에 응답하는 '온 디맨드On-Demand' 서비스라는 것이다. 반면 카풀기업들은 자신들의 사업이 자가용 승차석의 빈 공간을 공유하는 새로운 산업이라고 주장한다. 이른바 '빨대경제 vs 공유경제' 논란의 핵심이다.

여기서 양측이 충돌하는 근본적인 이유는 한정된 수요 때문이다. 기존 운송사업 택시, 버스, 지하철 등과 자가용을 활용하려는 카풀기업이 밥그릇을 놓고 싸워야 한다는 뜻이다. 일부에선 카풀 참여로 이동 수요가 증가할 것이란 전망을 내놓지만 해외 사례를 비춰볼 때 수요 자체가 자가용으로 옮겨가는 게 일반적이다.

현재 국내 교통 운송 체계에서 가장 많은 역할을 하는 이동 수단은 버스와 지하철을 포함한 철도다. 국민의 이동 기본권을 보장해야 한다는 점에서 요금도 저렴하다. 물론 복잡한 시간에는 불편을 겪기도 한다. 그래도 정체되지 않는 장점 등이 있어 주요 이동 수단이 됐다. 하지만 지하철 등은 철로 연결이 필요한 만큼 새로운 도시가 건설되면 연결되는 확장 속도가 늦다. 반면 버스는 어디든 투입이 가능하다. 게다가 전용 차선 등으로 이동 속도가 빨라졌다. 그래서 이 둘은 대중교통 체계에 편입돼 있다.

그런데 버스와 지하철의 복잡함보다 홀로 편하게 앉아 이동하고 싶은 사람도 있다. 이때는 직접 운전하는 경우와 그렇지 않을 때로 구분되며 전자는 자가용, 후자는 택시가 대표적이다. 근본적으로 둘의 차이는 운전 및 비용 부담의 주체에 있다. '운전'이라는 행위를 근로의 개념으로 본다면 자가용은 '스스로 근로'이고 택시는 '누군가 근로'다. 그래서 택시를 이용하면 그에 따른 비용을 부담해야 한다. 결국 육상 이동 시장을 공급 개념에서 보면 대중교통인 철도와 버스, 그리고 개인 교통 수단인 택시와 자가용으로 나눠진다.

통계청에 따르면 지난 2018년 국내 수송 부문에서 열차와 버스 등의 대중교통이 차지한 분담율은 42.9%에 달한다. 2003년 36.8%에서 비약적으로 증가했다. 그만큼 비용과 편의성이 높다는 뜻이다. 그 뒤에는 국민 전체 세금이 지원되고 있지만 누구나 편리하게 이용 가능하다는 점에서 세금 투입에 따른 불만도 높지는 않다.

그런데 대중교통이 늘어난 것과 달리 택시 분담율은 2003년 4.8%에서 2018년 2.6%로 떨어졌다. 이용이 편리해진 버스와 지하철 등으로 수요가 옮겨갔고, 자가용 보급률이 높아진 탓이다. 하지만 자가용도 보급이 늘었을 뿐 이동은 줄었다. 자가용 수송 분담율은 2003년 58.3%에서 2018년은 54.6%로 3.7% 감소했다. 이동 수요가 택시와 자가용으로 표현되는 개인교통보다 버스와 지하철의 대중교통 쪽으로 옮겨간 결과다.

이런 상황에서 자가용을 택시로 활용하자는 카풀이 등장하자 가뜩이나 수요가 줄어드는 택시로선 반가울 리 없다. 그러자 카풀은 '나홀로 운전'의 빈 공간을 활용하는 '공유'일 뿐 택시 수요를 잠식하지 않는다고 항변한다. 그런데 전문가들은 자가용의 빈 공간이 채워질수록 택시 점유율은 떨어질 것으로 보고 있다. 실제 우버가 진출한 모든 나라가 겪은 공통적인 현상이기도 하다. 그리고 자가용 이동 공간이 채워질수록 버스와 철도 등의 대중교통 또한 승객을 카풀로 내주게 된다.

그런데 대중교통 승객 감소는 또 다른 문제를 가져온다. 세금의 추가 투입이 다. 국민의 이동권 보장을 위해 대중교통은 없애는 것 자체가 불가능하기 때문이다. 대신 자가용 이동은 늘어나는 형태이니 도로의 복잡성이 늘어 운행 평균 속도는 떨어진다. 그에 따른 배출가스 및 에너지 소비 증가는 국민 전체가 감수해야 할 몫이다.

한편에선 수익 논란도 한참이다. 카풀의 경우 본업이 아닌 출퇴근 부업이어서 부수입이 생길 수 있다. 하지만 유료 운송 행위는 곧 영업인 만큼 자동차보험료는 영업용이 적용될 수밖에 없다. 현재는 출퇴근 카풀이어서 개인보험으로 처리되지만 카풀이 전면 허용되면 영업용을 부과한다는 방침이다. 이 경우 오히려 보험료 추가 부담이 부수입을 훌쩍 넘을 수도 있다.

이처럼 여러 문제에도 불구하고 유일하게 수익을 얻는 곳은 카풀앱을 운영하는 IT기업이다. 자가용 카풀이 늘어날수록 수수료가 늘어나는 구조여서다. 새로운 시장을 만들어 수요를 창출하는 게 아니라 기존 이동 수요를 자가용으로 옮겨 수수료를 가져가는 형태여서 '빨대경제'라는 말이 등장했다.

트레버 슐츠 교수는 카풀 등이 '공유경제'로 불리는 것 자체를 반대한다. 지금의 카풀은 공유가 아니라 물건을 사고파는 사람을 온라인에서 중개하는 사업에 불과해서다. 당장은 카풀이 국민적 편익을 가져다 줄 것처럼 보이지만 시간이 흐르면 편익은 온데간데 없고 오히려 국민적 불편함만 초래할 뿐이고, 한국이 아직 가지 않은 것은 오히려 현명한 일이라고 말이다. 그리고 차라리 가지 말라고 조언한다.

최근 국회를 중심으로 택시와 카풀 공존을 위한 다양한 방안이 논의되고 있다. 하지만 육상 수송분담율 등을 고려하면 근본적으로 택시와 자가용의 공존은 실현되기 어려운 구조다. 서로 '윈-윈'이 쉽지 않다는 뜻이고, 그래서 나오는 목소리가 경쟁이다. 경쟁은 공정한 조건에서 이뤄져야 한다. 택시와 카풀 모두 새로운 규제를 받든지, 아니면 규제에서 벗어나든지 둘 중 하나다. 택시는 규제하고, 카풀은 규제하지 않는 한 양측의 갈등은 지속될 수밖에 없다.

승차 공유 서비스의
어두운 이면

뉴욕시 의회가 승차 공유에 활용되는 승용차의 운행 대수를 제한하기 위해 법안을 발의했다. 가뜩이나 복잡한 도로에 자가용을 끌고 나와 전문적인 승차 공유 영업에 뛰어드는 사람이 늘면서 환경오염과 도로의 복잡성이 지나치게 높아진다는 이유에서다. 한때 승차 공유의 표본 도시로 지목된 뉴욕조차 승차 공유에 따른 부작용을 인정한 셈이다.

뉴욕시가 부작용으로 판단한 항목은 환경오염과 대중교통 및 승차 공유 참여자의 수익 악화다. 승차 공유 확산에 따른 교통체증이 대기환경에 심각한 영향을 미치면서 대중교통 이용률이 떨어져 운영에 세금 투입이 증가하고, 자가용 승차 공유 가입자의 수익은 늘지 않는다는 게 골자다. 이에 따라 결국 승차 공유 운전자 숫자를 제한하기로 했다. 실제 뉴욕시는 2015년 신차 등록대수가 6만 3,000대였지만 우버와 리프트 수요 증가로 현재 10만 대 이상의 새 차가 등록된다는 점을 주목했다. 승차 공유가 기존 자동차 운행을 억제하는 게 아니라 오히려 운행을 늘려 새로운 사회문제로 떠올랐다. 심지어 미국에선 결코 흔치 않은 혼잡통행료 부과도 고려 중이다.

사실 승차 공유의 어두운 이면은 새로운 게 아니라 오래 전부터 알려졌던 내용이다. 1970년대 스위스에서 처음 등장한 승차 공유의 배경은 여러 사람이 자동차를 효율적으로 이용해 도로의 복잡성을 낮추고, 이용자는 비용을 줄이며, 2대 운행을 1대로 줄여 대기오염을 낮추는 게 목적이었다. 하지만 이용가치적 측면에선 각광을 받았지만 자동차를 소유하려는 욕구까지 억제하지는 못했다. 다시 말해 나눠 타되 소유욕은 오히려 높아졌다.

그러자 이후 승차 공유는 일종의 단기 렌탈사업으로 전환됐다. 사업자가 자동차를 구입한 뒤 여러 사람이 한 대를 나눠 이용하도록 하는 방식이다. 현재 국내에서 '카셰어링'이라는 명칭으로 운영되는 자동차 초단기 렌탈사업이 대표적이다. 자동차를 구매해 공영 주차장 등

10분 단위로 나눠 쓰는 초단위 렌터카, 카셰어링

에 배치해두고 소비자들이 앱을 통해 예약, 사용하도록 했다. 10가구가 한 동네에 살면서 승용차 한 대를 나눠 타던 본래의 카셰어링과는 한참이나 거리가 멀다.

실제 그린카와 쏘카 같은 기업들이 현재 렌탈 방식에서 시간을 늘리면 롯데렌터카, SK렌터카와 같은 기존 렌탈사업자와 다를 바 없다. 반대로 롯데렌터카, SK렌터카 등도 얼마든지 초단기 렌탈 시장에 진출해 경쟁할 수 있다. 10분 단위 대여사업자가 나타나며 기존 거대사업자와 차별화를 두기 위해 '카셰어링'이라는 용어를 썼을 뿐이기 때문이다.

최근 논란이 불거지는 카풀 승차 공유도 마찬가지다. 4차 산업혁명의 대표적인 규제 장벽으로 '카풀Car Pool'의 전면 허용 논란이 있지만 되짚어보면 카풀 또한 이미 오래 전 등장한 택시서비스와 다르지 않다. 1988년 올림픽을 전후해 택시가 모자랐고, 이를 보완하기 위해 출퇴근 때 자가용 승차 공유를 허용했다. 다시 말해 이동을 원하는 수요가 공급을 초과한 이 시기 이미 카풀이 등장한 셈이다. 이 덕분에 택시의 추가 공급은 억제됐고 도로점유율까지 낮췄으니 승차 공유 취지에 딱 맞았다.

그런데 지금의 논란은 카풀을 24시간 열어 달라는 것에 초점이 맞추어져 있다. 하지만 1988년과 지금의 상황은 다르다. 당시는 1가구 1자가용 보급도 되지 않았던 시대여서 이동 수요를 자가용이 일부 소화하는 역할이었지만 지금은 전체 등록대수가 2,400만 대에 달할 만큼 자가용이 늘어 '나홀로 운전'이 일상화됐다. 이런 상황에서 '나홀로 운전'을 활용하자는 게 카풀업계의 목소리다. 재산으로서 자동차 소유욕이 억제되지 못한다면 역으로 자동차를 재산 가치의 이용 도구로 만들자는 취지다. 이에 따라 우버Uber와 같은 승차 공유기업이 등장해 뉴욕에서 각광받고 있지만 결국 뉴욕시도 교통정체에 따른 사회적 비용 증가를 간과하기 어려웠다. 승차 공유로 이익을 얻는 개별 소비자는 천차만별이지만 도로 정체에 따른 에너지 소모 및 환경 비용은 모두의 공동 부담이라는 점을 인정하기에 이르렀다.

그래서 승차 공유는 크게 세 가지 사회적 편익이 추구돼야 한다. 먼저 넘쳐나는 자동차 운행을 줄여 공간을 사람에게 건네줘야 하며, 효율적인 이동으로 배출가스를 줄이되 그만큼 소비자 및 이동 서비스 제공자의 이익이 증가해야 한다. 다시 말해 승차 공유로 손해 보는 이가 없는 게 승차 공유 서비스의 핵심이다. 폭스바겐이 모빌리티 서비스 모이아MOIA를 도입하면서 내건 슬로건이기도 하다. 자가용 승차 공유가 오히려 승용차 이용을 늘려 자동차의 도로 점유율을 높인다면 연료 소모 및 배출가스 증가로 연결될 수밖에 없어서다.

승차 공유 확대가 가져올 국민 전체의 세 부담 증가도 고민이다. 전혀 관계 없을 것 같지만 한국개발연구원이 발표한 〈공유경제의 안정적 성장을 위한 정책방향〉 보고서에 따르면 승차 공유 이용자 10명 가운데 9명은 기존 대중교통 이용을 줄였다고 응답했다. 특히 그중에서도 버스와 지하철 등의 이용 감소율은 29.8%로 나타났고, 택시도 23.2%에 달했다. 승차 공유가 대중교통 승차율을 줄여 수익을 낮춘다는 의미다. 이 경우 교통사업자는 떨어진 수익을 만회하기 위해 운행 횟수를 줄이기 마련이다. 이는 교통 약자의 불편함을 초래한다. 그래서 이를 보완하기 위해 결국 세금이 투입될 수밖에 없다. 예를 들어 승차 공유로 하루 20회 운행하는 버스가 수익성을 맞추기 위해 15회로 줄여야 하는데, 이를 실행하지 못하면 나머지 5회 운행비는 정부가 부담해야 한다는 뜻이다. 20회 운행이 15회로 줄면 도로점유율 감소 측면에서 환경적이지만 이용자 피해는 서민에게 돌아가기에 운행횟수를 줄이기 쉽지 않다. 게다가 운행횟수를 줄이지 못하니 결국 자동차의 도로점유율만 높이는 셈이다. 승차 공유의 본질적 목적과는 아무 관계가 없는 이동 소비자의 수요가 대중교통에서 자가용 승차 공유로 옮겨갈 뿐 자동차의 도로점유율은 낮아지지 않는다.

이런 상황에서 뉴욕시의 승차 공유 운전자 제한은 나름의 고육지책이다. 뉴욕시가 부담해야 할 사회적 비용을 줄이면서 승차 공유사업도 공존하는 방법으로 '일부 제한'을 선택했기 때문이다. 따라서 한국도 이제는 한국식 승차 공유 정책 방향을 찾아야 한다. 도로를 시민들에게 돌려주고, 택시든 자가용이든 승차 공유 이용자와 참여자 모두가 이익이며, 덕분에 자동차 이용이 억제돼 대기오염 증가 속도를 줄이는 '윈-윈' 정책 말이다. 나아가 이를 제대로 정착시킨다면 해외에서도 주목하지 않을 수 없다. 그게 진정한 의미의 카셰어링이니 말이다.

03

택시의 파워게임

이동 수요에 대한
환상

이른바 카풀로 불리는 '승차 공유Ride Sharing'에 반발하며 택시 업계가 목소리를 내자 이들을 바라보는 국민들의 시선이 결코 달갑지 않다. 자가용 보유자 입장에선 새로운 부가 수익을 낼 수 있다는 기대감이 있고, 이용자는 택시보다 저렴한 자가용 택시를 탈 수 있어서다. 하지만 이는 어디까지나 단편적인 시각일 뿐 카풀 활성화로 택시가 몰락하면 그 이후 겪어야 할 불편은 결국 국민 모두에게 돌아온다.

그럼 택시가 사라지면 어떤 일이 벌어질까? 간단하다. 자가용 보유자와 이용자를 연결하는 IT사업자가 승용차 기반의 이동 시장을 독점하고, 이들은 요금을 대폭 높여 결국 지금의 택시보다 모두에게 월등히 비싼 경제적 부담을 요구하게 된다. 그리고 여기에는 명분이 뒤따른다. 이른바 '파트너' 또는 '크루'로 불리는 운전자의 최소 생계를 보장하기 위해 요금을 올린다고….

그런데 요금의 일정액을 거래 수수료로 떼어가는 IT기업의 속성상 요금이 높을수록 수수료도 많아지니 이들도 이익이다. 다시 말해 진입 초기에는 택시와 경쟁하기 위해 저렴한 요금으로 소비자를 유인하지만 경쟁자가 사라지면 비용 부담은 더 늘게 된다. 그런데 IT사업자는 택시사업자가 아니어서 요금 규제를 받지 않는 게 맹점이다. 그러니 요금을 대폭 높여도 소비자는 비싼 요금을 지불할 수밖에 없다.

경쟁 과정에서 택시가 요금을 높이면 그것도 IT기업에겐 호재다. 이동 수요가 카풀로 몰려들 수 있어서다. 반대로 택시가 요금을 내리면 IT기업은 그보다 요금을 더 내리면 된다. 어차피 승차 공유를 이용하려는 대부분의 소비자는 '저렴한 이용료'가 주된 이용 목적이기 때문이다. 택시 요금을 올리거나 내리거나 어차피 요금 경쟁으로 가면 택시는 카풀을 결코 이길 수 없는 구조다. 택시는 본업인 반면 카풀은 부업이라는 속성이 결코 달라질 수 없는 한 승차 공유 전면 허용은 곧 택시의 몰락을 의미한다.

그럼 그 이후 택시는 어디로 갈까? 사람을 태우던 것에서 탈피해 소형 화물 택배 시장으로 진입할 수 있다. 그리고 택배는 생존권을 지키기 위해 마찬가지로 사람 탑승을 요구하고, 전세버스는 일이 없는 날 광역버스 역할을 하고, 시내버스도 필요하면 하나의 이동 수단으로 대여될 수 있다. 굴러가는 모든 이동 수단이 유료 탑승 또는 화물 운송에 차별 없이 동원된다는 뜻이다. 실제 승차 공유를 시작으로 그렇게 흘러가는 중이고, 그에 따른 마찰이 빈번하게 일어나고 있다. 그리고 궁극은 대중교통이 붕괴해 사회적으로 교통 약자의 이동권이 제한될 수 있다.

그래서 정부의 역할은 둘이 서로 경쟁하도록 기울어진 운동장을 바로 잡는 데 주력해야 한다. 그래야 대중교통도 유지되고 카풀도 생존한다. 그리고 운동장을 바로 잡는 방법은 의외로 단순하다. 먼저 택시도 소비자 기반의 합승 서비스를 허용해야 한다. 물론 이때는 기사가 아니라 소비자가 합승을 허용하거나 골라야 한다. 또한 다양한 기능의 택시가 등장하고, 그에 따른 맞춤형 요금 체계가 갖춰지도록 허용해야 한다.

동시에 카풀 쪽으로 올라가 있는 운동장을 몇 가지 방법으로 끌어내려야 한다. 소득이 있는 곳에 세금이 있는 만큼 본업 외에 부가 수입이 생기면 그만큼 세금도 부과해야 하며, 카풀 요금과 IT기업의 수수료를 정부가 규제해야 한다. 이유는 카풀 또한 이동 서비스로 진출하면 전체 물가에 영향을 줄 수밖에 없어서다. 이동에 비용이 들어간다면 부담은 이용자가 하는데, 여기서 IT기업의 수수료가 기존 택시 요금은 물론 카풀 운전자 수입에도 절대적인 영향력을 미친다.

다시 말해 IT기업의 '수수료'가 전체 이동 서비스의 비용을 결정하는 핵심 동인이다. 만약 규제에 넣지 못한다면 택시 요금처럼 자치단체가 카풀 요금의 범위를 정하는 것도 방법이다. 그래야 카풀 참여자의 수입도 보장되고 택시 요금에 비해 과도하게 저렴하지 않아 택시도 공존하게 된다. 나아가 자가용 파트너의 사용 기름도 제한할 필요가 있다. 장기렌탈로 이용하는 LPG 엔진 차를 가지고 카풀에 뛰어들면 이는 곧 택시나 다름이 없다. 게다가 이 경우 정부의 유류세 정책에도 영향을 미치기 마련이다.

그런데 운동장을 바로 잡는 것은 경쟁과 공존 측면의 접근일 뿐 그 이후 다가올 보다 심각한 환경 문제는 감수해야 한다. 카풀 참여자가 늘어날수록 자가용 출퇴근은 늘어난다. 이미 우버가 활성화된 뉴욕시가 경험하는 중이고 런던 또한 마찬가지다. 경쟁의 마당을 만들어 놓으면 전체 이동 수요가 증가하는 게 아니라 그냥 주차장에 두고 대중교통을 이용해 출퇴근하던 것에서 벗어나 어차피 출근길에 기름 값을 벌 수 있으니 편하게 가려는 경향이 짙어져 교통량은 지금보다 월등히 늘어나기 마련이다.

일반적으로 우버가 성공적으로 진출한 국가들의 공통점은 택시비가 과도하게 비싸거나 인구 대비 자가용 보유율이 낮은 나라들이다. 높은 택시 요금 덕택에 진입에 성공한 런던이나 파리, 뉴욕 등과 함께 자가용 보유율이 비교적 낮은 동남아 국가들이 대표적이다. 중국도 보유율이 낮아 성공한 사례로 꼽힌다. 물론 그렇지 않은 곳도 있지만 대개 둘 중의 하나는 활성화 요인으로 분석된다.

그런데 한국은 이미 등록대수만 2,400만 대에 달한다. 이론상으로는 한 명의 운전자가 1~2명만 태우고 한 번을 이동하면 우리나라 인구 모두가 이동할 수 있으니 자가용 보유율이 낮아 카풀이 활성화되는 것은 아니라는 의미다. 결국 요금 수준에 따라 경쟁력이 만들어진다는 뜻이고, 카풀 요금이 저렴하면 소득이 하향 수렴할 수밖에 없어 문제로 떠오른다.

가뜩이나 최저 생계비가 오르는 마당에 생존 자체가 불가능한 '불평등한 공존'이 된다는 뜻이다. 그러니 단순히 택시를 비난할 게 아니라 공정한 경쟁을 통해 서비스 수준이 오르는 방향을 선택하는 게 현재로선 가장 최선의 방법이고, 그 이후 카풀은 전면 허용의 길로 들어서야 한다. 지금의 '승차공유' 허용 여부는 원래 승차공유의 본질적인 취지인 교통량 감소를 그저 환상에 머물도록 만드는 공유이기 때문이다.

제조 vs 활용,
누가 모빌리티를 주도할까

SKT가 티맵모빌리티를 분사시키고 본격적으로 모빌리티사업에 뛰어들었다. SKT는 티맵모빌리티를 통해 플라잉카를 비롯한 대리운전, 주차, 대중교통 연결을 아우르는 '모빌리티 라이프 플랫폼'을 제공하겠다는 의지를 드러냈다. 이에 따라 국내 모빌리티 시장은 '카카오모빌리티 vs 티맵모빌리티'의 2파전 양상으로 펼쳐질 전망이다. 하지만 여기에 현대차도 '마카롱택시'를 운영하는 KST모빌리티 지분을 확보한 상황이어서 이동의 주도권을 놓고 '제조사 vs IT' 기업 간의 경쟁으로 흘러가는 분위기다.

기본적으로 티맵모빌리티 사업의 중심에는 티맵택시가 있다. 정해진 노선 없이 가장 빈번하게 이용하는 교통수단이 택시인 만큼 우버와 손잡고 가맹택시 시장에 진출하려는 것도 같은 맥락이다. 후발주자인 티맵으로선 무엇보다 카카오보다 가맹택시 숫자를 늘리는 게 중요하다. 지금처럼 아무런 수수료 없이 호출만 연결할 경우 수익성이 없어 지속 가능성이 떨어진다. 반대로 택시 업계는 새로운 가맹사업자의 등장이 반가울 수 있다. 일반 프랜차이즈와 달리 택시는 면허사업인 만큼 공급 숫자가 제한돼 있어 보다 좋은 조건이 등장할 수 있다. 게다가 최근 국토부도 가맹택시 조건을 특정 회사가 아닌 개별 차량으로 변경했다. 예를 들어 100대를 운영하는 법인택시라면 30대는 카카오, 30대는 티맵, 30대는 KST 등으로 가맹을 분산시킬 수 있고 이때는 한 대라도 가맹을 더 많이 확보하려는 경쟁이 펼쳐져 그만큼 택시회사와 모빌리티 대기업 간 대등한 협상력이 생긴다는 뜻이다.

택시와 소비자를 스마트폰으로 연결하는 호출형 택시

　그러는 사이 택시업계 또한 자체적인 전국 호출 브랜드 확장에 뛰어들었다. 광주광역시에 등장한 '리본' 택시가 대표적이다. 스타트업인 티원모빌리티와 손잡고 만들어 낸 '리본택시'는 지역 중심의 택시 호출로 최근에는 경북오이소 '리본택시'로도 확대됐다. 지역택시조합 등이 앞장서 이른바 친근한 동네택시를 만들자는 움직임인데 '리본'이라는 브랜드에 참여하겠다는 지역택시조합이 점차 늘어나는 추세다. 더불어 해당 지자체들은 리본택시를 기반으로 마스MaaS 체계를 구축하겠다는 청사진도 제시하고 있다. 더불어 코레일도 리본 택시와 손잡고 'KTX-관광택시' 연계 서비스를 제공하고 있다.

　이처럼 택시 연결로 IT기업들이 모빌리티사업을 펼치는 사이 현대차는 공장에서 생산하는 택시 전용 차종에 아예 자신들이 만든 호출 앱을 넣어 가맹에 뛰어들겠다는 전략을 세웠다. 스마트폰에 기본 탑재되는 앱처럼 쏘나타 및 K5 택시 등에 택시 기사용 앱을 설치함으로써 전국 공급망을 구축한 뒤 이용자 앱을 활성화하는 방안이다. 한마디로 스마트폰 호출카카오, 티맵, 타다, 티원 등과 이동 수단 호출이 서로 경쟁하는 셈이다.

여기서 관심은 경쟁우위다. 기본적으로 모빌리티 사업은 오프라인에서 실제 이동을 제공하는 교통사업자와 이들을 이용자와 연결해주는 중개사업자가 필요하고 둘이 힘을 모아 다양한 서비스를 내놓을 때 이용자 또한 늘어나기 마련이다. 이 부문에선 현재 카카오모빌리티가 절대 강자다. 하지만 티맵도 호출 시장에선 30% 안팎의 점유율을 가진 만큼 앞으로 다양한 서비스 상품을 만들면 카카오의 호출 점유율을 빼앗을 수 있다고 전망한다. 더불어 택시업계도 자치단체 중심의 리본 택시를 전국 지자체로 확대, 연결하면 전국의 모든 택시가 하나의 브랜드로 통합될 것으로 기대한다. 또한 현대차는 이동 수단 제조사로서 택시사업자가 제품을 구매할 때 할인 등의 혜택을 제공하면 손쉽게 모빌리티 시장에 안착할 것으로 보고 있다. 이럴수록 카카오와 티맵 등의 호출이 택시와 연결될 가능성이 떨어져 이용자가 현대차 택시로 갈아탈 수 있다는 계산이다. 물론 국토부가 렌터카 기반의 새로운 택시 진입을 허용했지만 이 또한 면허사업이라는 점에서 운행 대수의 무한정 확대는 쉽지 않다.

이런 점에 비춰 자동차기업과 기존 교통사업자를 활용해 이용자를 연결하는 IT기업 간 모빌리티사업의 주도권 싸움은 이미 시작됐다.

시작은 IT기업 간의 경쟁이지만 이동 수단 제조사의 움직임이 본격화되면 양상은 달라질 수 있다. 또한 지역택시 중심의 가맹사업도 성장 가능성이 높은 만큼 M&A에 발 빠르게 대처하는 곳이 유리할 것이라는 전망도 적지 않다. 본격적으로 시작된 국내 모빌리티사업, 그 승자는 누가 될 것인가.

택시 모빌리티,
누가 승자가 될 것인가

국내 모빌리티시장의 춘추전국시대 서막이 열리고 있다. '카카오T', '마카롱택시', '티원택시', '티맵택시SKT', '온다택시티머니' 등 수많은 택시 호출중개 또는 가맹사업자들이 경쟁에 나선 것. 이들은 '누가 더 많은 호출을 받아 택시에 연결하느냐'에 집중한다. 쉽게 보면 이용자 확장과 그에 따른 충분한 공급택시 확보가 경쟁의 열쇠다.

현재 시장의 강자는 단연 카카오택시다. 막강한 카카오 메신저 기반의 이용자를 모아 주도권을 공고히 하는 중이다. 그러나 택시 모빌리티 시장을 호시탐탐 노리는 대기업이 적지 않다는 점에서 아직 싸움은 시작조차 하지 않았다는 시각이 지배적이다.

기본적으로 앱 기반의 모빌리티 서비스사업은 앱 안에서의 공급자와 이용자 간 연결이 핵심이다. 이를 위해선 이용자와 공급자가 모두 많아야 한다. 호출이용자이 많을 때 공급택시이 부족하면 이용자가 떠나고, 반대로 공급자는 넘치는데 이용자가 없으면 공급자택시가 해당 앱을 외면하기 마련이다.

여기서 호출 중개업과 공급자 간 파워게임이 벌어진다. 먼저 공급자는 호출사업자와 갈등이 생길 경우 호출 거절로 대응한다. 그러면 호출사업자는 오히려 더 많은 이용자를 모으되 거절한 기사를 호출에서 완전 배제한다. 이 경우 호출을 거절한 택시기사는 수익이 줄어든다. 하지만 택시가 똘똘 뭉쳐 호출을 받지 않으면 힘의 우위는 다시 택시 쪽으로 기운다.

이런 이유로 호출 중개사업자는 자신들의 호출만을 절대적으로 받아줄 우호 택시를 프랜차이즈가맹 형태로 끌어들이고, 이용자가 호출하면 이들을 먼저 연결한다. 예를 들어 택시기사와 카카오T가 부딪치면 택시는 카카오택시 호출을 받지 않는다. 이에 대비해 카카오T는 무조건 호출을 받는 택시기업을 인수하거나 가맹을 늘려 이들에게 호출을 모아주는 식이다.

따라서 현재 택시 호출 중개업의 경쟁 핵심은 이용자와 공급자의 원활한 확보에 달려 있다. 이용자, 중개업자, 택시기사 모두에게 선택권은 언제나 열려 있는 게 특징이지만 세 부문 가운데 어느 하나만 무너져도 택시 기반 모빌리티사업은 진행이 쉽지 않은 구조다. 굳이 이 가운데 중요도를 매기라면 단연 '공급 택시기사'이다.

여기서 눈여겨 봐야 할 점은 '수익'이다. 기본적으로 택시는 이용자를 이동시켜주고 돈을 번다. 그리고 호출 중개업은 이 과정에서 수수료를 받는다. 그러나 국내에서 앱 기반의 호출로 택시와 이용자를 연결하고 수수료를 받는 중개사업자는 전무하다. (카카오모빌리티가 택시기사를 대상으로 월 9만 9,000원을 내면 배차 혜택을 주는 유료 서비스를 내놨지만 의무는 아니다.) 택시 요금이 워낙 저렴해 중개사업자에게 돌아갈 몫이 없다. 그럼에도 호출 중개사업 시장은 계속 커지는 중이다. 당장 수익은 없어도 공급자택시와 이용자의 막대한 주행데이터를 확보하는 빅데이터의 통로 기능이 분명해서다.

그럼에도 '수익'을 마냥 외면할 수는 없다. 그래서 택시 이용자에게 추가로 비용을 부담시키는 방안을 모색중이고, 대표적인 방법이 탄력요금제 운영과 유료 서비스 개선이다. 지금까지 탄력요금제 운영은 정부가 허용하지 않았지만 새로운 플랫폼택시 제도 하에선 도입키로 결정했다. 그리고 다양한 서비스유모차, 카시트, 의전, 통학, 기타 등등를 제공할 때도 비용을 받을 수 있도록 했다. 한마디로 정부가 정하는 기본 이동요금 외에 부가 수익은 개별 기업에게 자율권을 준다. 그래야 택시기사의 소득이 늘고 그에 따라 인적 서비스 혁신이 가능하다는 계산이다.

관건은 이용자의 인식이다. 탄력요금과 서비스 비용을 택시요금 인상으로 받아들일 수 있기 때문이다. 이 경우 택시 모빌리티 혁신은 오히려 이용자에게 부담만 안기는 결과를 낳을 수 있다. 따라서 호출 중개업도 차츰 세분화될 가능성이 높다. 예를 들어 '차령 1년 미만의 냄새없는 새 차에 과속이 없는 개인택시, 차종은 쏘나타' 등으로 소비자가 택시를 선택할 수 있는 호출방식 등이다.

과금대상이 단순히 A에서 B까지 이동하는 거리와 시간에 머무는 게 아니라 '차령', '차종', '운전실력', '친절도' 등으로 확산될 수 있다는 의미다. 이 경우 이용자의 만족도는 높아지고 그만큼 지불비용에 대한 불만은 사라질 수 있다. '타다'가 파고든 틈새가 바로 인적서비스와 '1년 미만의 카니발'이었다.

04 🚌

라스트-마일 모빌리티

초소형 모빌리티의
'퍼스트-라스트' 마일

국내 육상수송교통 분담율에서 택시가 차지하는 비중은 2.9%다. (2016, 국토교통부.) 가장 많은 비중은 승용차이고 그 뒤를 버스와 철도가 따르고 있다. 그런데 흥미로운 점은 최근 5년간 부담률의 변화 추세다. 국토부 육상수송 분담율에 따르면 2012년 55.2%에 달했던 자가용 비중은 2016년 54.3%로 줄었고 택시는 3.3%에서 2.9%로 내려왔다. 반면 버스는 24.9%에서 26.2%, 철도 또한 16.7%에서 2015년 15.1% 까지 떨어졌다가 2016년 다시 16.6%까지 회복했다. 다시 말해 택시와 자가용 이동은 줄어드는 반면 철도와 버스 등의 대량수송 교통수단은 많이 활용된다는 뜻이다.

자가용과 택시의 수요가 줄어든 이유는 분명하다. 전용차선 확대로 버스 이동 시간이 줄었고 철도^{지하철 포함} 노선이 증가하면서 자가용 운행의 필요성이 현격히 감소했기 때문이다. 힘들게 운전하며 이동하기보다 빠르고 편리한 버스 및 철도로 수요가 옮겨간 탓이다.

덕분에 자가용 이용거리는 해마다 줄고 있다. 한국교통안전공단 자동차주행거리통계에 따르면 지난 2012년 국내 승용차 하루 평균 이용거리는 37.5km였지만 2017년에는 35.8km로 짧아졌다. 나아가 2017년 한국교통연구원이 2017년 내놓은 '제3차 택시 총량제도 수립기준 보완 및 개선방안 연구'에 따르면 택시가 하루 종일 운행되면서 이용자가 탑승한 거리를 의미하는 거리실차율은 조사대상 지역 144곳 가운데 92.3%가 목표에 이르지 못했다. 한마디로 사업용이든 비사업용이든 승용차 이동은 자꾸 줄어든다.

이런 이유로 현재 택시는 일종의 퍼스트 및 라스트 이동 수단의 개념으로 좁혀지는 중이다. 집 앞에서 택시를 타고 버스 및 지하철 정류장으로 이동하거나 반대로 터미널이나 역에서 최종 목적지집까지 이동시켜주는 역할이다. 마을버스나 버스를 탈 수도 있지만 조금 더 편하기 위해 비용을 기꺼이 지불한다. 다시 말해 퍼스트 및 라스트 마일 개념에서 택시는 일종의 프리미엄 이동 서비스인 셈이다.

그런데 미국을 중심으로 두 개의 바퀴가 달린 전기 이동 수단이 퍼스트-라스트 마일 시장에 도전장을 던지고 있다. 전기 자전거와 전동 스쿠터 등이 역과 터미널 등에 배치돼 개인이 타고 집까지 이동한 후 그냥 동네 충전소에 세워두면 된다. 이 경우 누군가 다시 역이나 터미널을 갈 때 필요하면 이용한다. 크기가 작아 전기차 주차를 방해하지 않고 앱 기반이어서 도난 위험도 없다. 앱이 연동되지 않으면 바퀴가 회전하지 않거나 전력 자체가 모터에 공급되지 않아 이용 자체가 불가능하다.

그럼 이들의 평균 이동 거리는 얼마나 될까? 지난 2014년 LA 교통국이 내놓은 퍼스트-라스트 마일 계획 수립에 따르면 일반적으로 주요 교통수단에 접근하기까지 도보는 800m, 자전거 및 스쿠터는 4.8km가 적정한 퍼스트-라스트 이동 거리다.

한국에서도 '퍼스트-라스트' 마일을 위한 초소형 이동 수단 시장이 포화 상태에 이르렀다. 하지만 아직까지 투자 단계일 뿐 사업적으로 순이익을 내는 업체는 단 한 곳에 불과하다. 기본적으로 집에서 버스 또는 전철역까지 이동하는 거리가 미국처럼 길지 않아 고정 수요를 확보하기 어려워서다. 더욱이 대중교통이 그물망처럼 구축돼 있고 저렴한 마을버스 등이 이미 퍼스트-라스트 이동 수단으로 자리잡아 굳

라스트마일 모빌리티로 이용되는 뉴런모빌리티 전동킥보드

이 초소형 모빌리티를 이용할 필요성이 있느냐고 반문하는 사람도 적지 않다.

그래서 대안으로 떠오르는 방안이 요금 연동제다. 현재 환승할인이 이뤄지는 제도 하에 초소형 모빌리티가 포함돼야 이용자가 늘어날 수 있다는 제안이다. 그렇지만 요금을 연동시켜도 실제 초소형 이동 수단이 미국처럼 활용될 지는 여전히 미지수다. 앞서 언급했듯 국내의 경우 퍼스트 및 라스트 이동 거리가 점차 짧아지는 추세여서다.

결국 새로운 모빌리티의 등장과 활용을 감안할 때 중요한 관점은 교통의 수요 이동이다. 초소형 모빌리티가 퍼스트-라스트 이동 수단에 포함되면 기존 교통수단의 이용율은 그만큼 하락하기 마련이다. 게다가 한국은 이미 인구대비 자동차 보급률이 1대당 2.2명에 달할 만큼 공급이 넘친다. 최근 카풀 갈등이 일어난 것도 결국은 한정된 이동 수요를 두고 벌어진 이익 갈등임을 모르는 사람은 거의 없다. 그만큼 국내 교통 체계 재편이 그리 단순하지 않다는 의미다.

따라서 카풀 문제 풀자고 사회적 대타협기구가 만들어졌으면 그 안에서 대중교통 체계의 전면 개편도 함께 논의돼야 한다. 새로운 이동 수단이 만들어질수록 이동 방식은 언제든지 달라질 수 있어서다. 대표적으로 드론 이동 시대가 도래하면 지금과 같은 교통 체계가 유지될 수 있을지 살펴야 한다는 의미다. 지금부터 대중교통 체계에 대한 전면 재편 논의를 시작해도 결과가 나오려면 한참인데, 논의조차 하지 못하는 것 저체가 이동 혁신에 뒤지는 일이니 말이다.

전동 킥보드 공유와
마을버스

퍼스널 모빌리티 공유는 미국과 유럽 등지에서 대도시 중심으로 많이 형성돼 있다. 가까운 거리라면 굳이 도로 점유 면적이 높은 자동차 대신 적절한 비용으로 적은 면적을 활용해 이동하자는 것이다. 덕분에 택시 이용율이 떨어진다고 하니 이동에 있어 새로운 형태의 서비스인 것은 분명하다. A지점에서 B지점까지 이동할 때 이용자가 곧 운전자로 변신하는 만큼 정산비용은 '거리(㎞) 요금'과 '운송수단 이용료'가 기준이다. 물론 운전자는 없어도 거리와 기기의 이용료를 받는다는 점에서 전동 킥보드 공유 서비스 또한 엄밀히 보면 포괄적인 유상운송사업에 포함된다. 하지만 국내 여객자동차운수법에 유상운송사업으로 분류되지 않아 요금 통제는 받지 않는다. 만약 유상운송 개념을 넓히면 모든 이동 요금을 정부가 통제해야 한다. 하지만 정부가 관리하는 유상운송은 공공교통의 영역, 즉 택시와 버스, 지하철 등에 한정된다.

전동 킥보드 공유가 늘어나는 것을 두고 많은 사람들이 '라스트 모빌리티Last Mobility'라고 한다. 전철역이나 버스 정류장에 내려 최종적으로 가고자 하는 목적지에 도달하는데 활용되기 때문이다. 실제 국내 한 킥보드 공유기업에 따르면 공유 전동 킥보드의 평균 이용 시간은 8분 내외다. 그렇다면 전동 킥보드 공유는 정말 새로운 서비스일까? 그렇지는 않다. 유상운송이 새로운 것이 뿐 운송 수단은 예전에도 있었다. 예전 스카이씽씽을 기억할 것이다. 다만, 과거 킥보드는 인력에 의해 움직이는 소유물이었다. 그러다 킥보드에 전기 동력이 장착돼 소유로 사용되다 확장의 일환으로 대중교통 영역인 공유로 진출한 것이다.

그렇다면 전동 킥보드를 이용한 '라스트 모빌리티'라는 것 자체가 새로운 걸까? 이것도 아니다. 국내에는 이미 오랜 시간 자리잡은 마을버스가 현실 세계에서 라스트 모빌리티 역할을 하고 있었기 때문이다. 사실 라스트 모빌리티에 활용되는 공유 전동 킥보드가 활성화될수록 택시도 이용자를 빼앗기지만 최대 위기는 마을버스다. 그런데 한국에서 마을버스는 여객운수사업법에 규정된 면허사업이다. 중형승합 또는 관할관청이 필요하다고 인정될 때 소형 또는 대형승합도 사용할 수 있다. 그리고 여객운수법 3조에는 마을버스의 사업형태를 규정하고 있는데, 주로 시군구 단일 행정구역에서 노선 버스가 운행하기 어려운 구간을 대상으로 국토교통부령으로 정하는 기준에 따라 운행계통을 정하고, 국토교통부령으로 정하는 자동차를 사용해야 한다.

그래서 일반적으로 마을버스는 전철역 또는 노선버스가 지나가는 버스 정류장을 중심으로 인근 가까운 거주지 구석구석을 돌아다니며 사람들을 실어 나른다. 이른바 성격 자체가 라스트 모빌리티요, 국민 모두가 저렴한 대중교통 서비스를 받을 수 있도록 정부가 사업면허를 발급해 공공의 성격으로 민간사업자를 지정한 것이다. 하지만 자가용 이용 증가로 마을버스 이용자가 줄고, 운전면허가 없는 젊은 층의 인구 비중이 떨어지면서 택시와 마찬가지로 어려운 입장이다. 그래서 마을버스도 일종의 지원사업으로 바뀌는 중이다.

마을버스는 2015년 기준 131개 회사에서 1,489대기 운용되고 있다. 이런 가운데 마을버스 적자를 보전하기 위해 서울시는 최근 마을버스

재정지원을 결정했다. 이른바 마을버스 또한 공공의 영역으로 끌어들인 것. 이렇다 보니 전동 킥보드 공유 확대에 민감한 곳은 택시가 아니라 오히려 마을버스다. 마을버스사업자에게 전동 킥보드 공유는 가뜩이나 부족한 운송 수입을 줄이는 것이고, 이는 사업의 정리를 의미한다. 그래서 전동 킥보드 공유가 정착되려면 마을버스사업의 퇴로가 필요하다는 말이 나온다. 그렇지 않으면 '택시 vs 카풀'의 갈등처럼 '전동 킥보드 공유 vs 마을버스' 대립이 나타날 수밖에 없는 구조다. 나아가 광역자치단체가 운영하는 자전거 공유사업에도 당연히 영향을 미친다. 서울시의 경우 '따릉이'가 대표적이다.

그래서 전동 킥보드 공유 기업들의 사업 형태를 보면 1차적으로 기초 자치단체와 협력하는 것에 집중돼 있다. 동네 구석구석을 운행하는 마을버스와 충돌을 줄이기 위해선 기초 자치단체의 사업 허가권이 매우 중요하기 때문이다. 예를 들어 서울 강남구에서 킥보드 사업을 하고 싶으면 강남구 내 마을버스와 갈등이 일어나지 않도록 강남구청이 중재를 해줘야 한다. 자치단체의 허락이 없다면 전동 킥보드 공유사업은 하고 싶어도 할 수 없어서다.

이런 이유로 요즘 퍼스널 모빌리티 공유 기업의 소식을 보면 대부분 기초 자치단체와 손을 잡았다는 내용이 대부분이다. 이걸 반대로 해석하면 퍼스널 모빌리티 공유사업은 전국의 기초 자치단체가 모두 제각각의 서비스를 만들 수도 있다는 것과 같다. 그렇게 될 때 누군가는 수많은 어플리케이션을 하나로 통합하려는 작업도 할 것이다. 그때를 기다리는 곳은 누구일까? 규모의 모빌리티 경제를 이루려 하는 대기업일 것이다. 그게 바로 모빌리티 통합 플랫폼이다.

복지형 부분구간
승차 공유에 대한 생각

한 마을에 30명이 거주하는 곳이 있다. 마을에 사는 10명은 직접 운전이 가능한 자가용을 보유하고 있다. 그런데 나머지 20여명은 별도의 이동 수단이 없어 불편함을 느낀다. 이를 해결하기 위해 자치단체가 버스사업자를 통해 마을과 읍내를 오가는 노선버스를 운행키로 결정한다. 이른바 '이동권의 보장'이다.

이동의 내용은 복잡하지 않다. 마을에서 읍내까지 20km라고 가정할 때 한 번 버스를 탈 때마다 1,200원을 요금으로 낸다. 20명이 동시에 타면 2만 4,000원에 이르고 왕복 기준으로 4만 8,000원이다. 하지만 버스가 한 번 왕복할 때마다 기름 값으로 1만 원이 소요되고 하루에 5회를 운행하면 연료비만 5만 원이 필요하다. 그럼에도 이용자는 20명에 불과해 한 번 읍내를 오갈 때마다 버스는 적자를 면치 못한다. 운전자 인건비와 버스 감가상각비용은 엄두조차 내지 못한다. 따라서 누군가 지원하거나 버스 이용 요금을 대폭 올리지 않으면 버스사업자는 운행을 중단할 수밖에 없다. 그래서 교통약자의 편의를 위해 적자는 세금으로 메워지고 버스는 계속 운행된다. 최근 버스 파업이 정부 지원으로로 해결될 수밖에 없었던 배경이다.

여기서 주목할 점은 20명이 읍내를 오갈 때 모두 함께 움직이지 않는다는 점이다. 어쨌든 하루 1회 왕복, 탑승으로 보면 두 번을 타지만 첫 차와 막차를 이용하는 사람도 있고, 9시에 타고 6시에 되돌아오는 사람도 있다. 그래서 탑승자가 별로 없을 때는 배차 시간을 늘려 운행

횟수를 줄이기 마련이다.

　그럼에도 배차 시간을 무한정 늘릴 수는 없다. 한두 명이라도 이용자가 있을 수 있어서다. 게다가 이동은 곧 국민의 기본권이라는 점에서 사람이 없어도 운행은 해야 한다. 한낮 텅텅 비어 있는 버스가 운행될수록 적자인 것을 누구나 알지만 교통약자 또는 교통불편이 따라온다는 점에서 세금 또한 끝없이 투입된다.

　그래서 대안으로 꼽히는 게 복지형 구간 카풀이다. 동네에 자가용을 보유한 사람들 또한 읍내를 오간다고 할 때 시간과 방향만 같다면 함께 타면 된다. 지금도 허용되는 호의동승이다. 그러나 시간이 맞지 않는 경우도 있다. 이때는 호의가 아니라 유상운송을 이용해야 하는데,

지역사회의 수요응답형 모빌리티 '써클'

버스와 택시는 오지 않는다. 하지만 해당 구간에서만 승차공유가 허용된다면 어떨까? 마을 입구에서 읍내 방향, 또는 읍내에서 마을 방향으로 이동하는 자가용 또는 화물차의 탑승공간을 유료로 제공하자는 아이디어다. 이 경우 복지택시와 노선버스 운행에 따른 세금 지원이 사라지되 이 구간을 이동하는 사람은 부수입을 챙길 수 있어 '윈-윈'이다. 물론 이용자는 버스 비용 정도만 내고 이동하면 된다. 추가 요금은 복지 차원에서 이동을 시켜준 사람에게 자치단체가 지급하면 되고, 이후 비용을 서서히 낮추면 그만이다. 이런 사업 모델에 굳이 이름을 붙이면 '복지형 승차공유' 정도가 될 것이다.

물론 아이디어가 현실로 등장하려면 여러 장벽이 존재한다. 이동을 제공하는 방법은 버스 외에 여전히 다양한 수단이 존재하고 있어서다. 따라서 시범 선정 지역은 택시조차 움직이기 싫어하는 지역부터 하되 화물차 또한 모빌리티 서비스 도구로 활용되도록 허용하면 된다. 짐도 싣고 사람도 이동하니 일석이조다. 화물차 또한 특정 구간에서 카풀이 매칭되면 부수입을 챙길 수 있어 마다할 리 없다. 그리고 이 방식이 활성화되면 굳이 자치단체가 과도하게 세금을 투입해가며 버스를 운행하지 않아도 된다. 더불어 중단할 수 없다면 운행 횟수라도 줄여 적자 보전 세금을 줄일 수 있다. 그렇지 않으면 버스에 대한 정부의 지원은 끝없이 이어질 수밖에 없다.

자동차
전환 비용의 고민

01 ⚙

자동차 제국주의

한국산 전기차 막겠다는
미국 대통령

미국 내 자동차업계가 전기차 생산에 집중할 움직임을 보이고 있다. 새로 선출된 조 바이든 대통령 당선자는 환경에 관심을 보이며 보조금을 통한 내연기관차의 전기차 전환을 추진하고 있다. 물론 이전에도 일부 주정부 차원에서 보조금을 제공했으나 트럼프 대통령이 배출가스 규제를 완화하자 미국 내 자동차기업들은 만들어 팔아도 수익성이 없다는 이유로 큰 관심을 두지 않았다.

트럼프 대통령은 지난 2012년 오바마 정부가 도입했던 탄소 배출 규제를 완화했다. 2025년까지 미국 내 자동차 평균효율을 ℓ당 $23.2km$로 높이는 규제이고, 제조사가 이를 맞추지 못하면 일정 기준거리에 따라 14달러의 벌금을 부과하는 규정이었으나 트럼프 대통령은 패널티 금액을 5.6달러로 낮췄다. 평균효율도 2026년까지 ℓ당 $17.2km$로 완화했다. 오바마 정부가 설정한 ℓ당 23.2km에서 무려 ℓ당 6km를 줄였다. 덕분에 미국 자동차업계는 연간 10억 달러의 규제비용을 줄일 수 있다며 환영했다.

그러나 조 바이든 후보가 대통령 당선자가 되면서 미국 내 자동차 효율은 2026년 리터당 22.1km로 다시 높아졌다. 또 2030년까지는 신차의 50%를 무공해 친환경차로 대체해야 한다고 선언했다. 제조사가 패널티를 내지 않기 위해 전기차 생산에 나설 수밖에 없는 상황인 셈이다.

여기서 주목할 점은 바이든 당선자가 내세우는 전기차 전환전략 중 보조금 지급대상이다. 바이든 행정부는 내연기관차를 전기차로 바꿀 때 보조금을 주되 '미국 내 생산차종Made in USA'에 한정키로 했다. 게다가 전기차 부품비율은 트럼프 대통령이 도입한 'USMAC'를 그대로 유지한다는 방침도 밝혔다.

USMCA는 미국-캐나다-멕시코 사이의 무역협정이지만 사실상 미국 내 자동차 생산을 늘리기 위해 부품의 미국화 방안이다. 즉 미국에서 생산한 부품으로 미국 내에서 전기차를 만들고, 미국 소비자가 내연기관을 전기차로 바꿀 때 보조금을 준다는 뜻이다. 보조금 자체가 미국인들의 세금인 만큼 사용목적을 뚜렷이 명시한 셈이다.

현대자동차 울산공장에서 생산한 전기차는 미국에서 보조금을 받지 못한다. 반면 미국 디트로이트에서 만든 쉐보레 볼트 전기차를 한국에서 판매하면 보조금을 받는 불공정이 발생한다. 이런 불균형에 대해 한국 정부가 목소리를 내야 하지만 미국 또한 친환경 전환으로 일자리를 지키고 늘려야 하는 입장이라 우리 정부의 제안을 반영할

가능성은 별로 없다. 따라서 공정과 형평성을 기준한다면 한국 또한 미국산 전기차에 보조금을 주지 않는 게 원칙이다. 현재 기준으로 하면 볼트, 테슬라 등에 보조금 자체를 지급하지 않아야 한다.

고민은 한국보다 미국의 시장 규모가 월등히 크다는 사실이다. 그래서 미국 내 전기차 시장이 커질 때 현대차·기아 등 국내 기업의 판단에 시선이 쏠린다. 한국에서 만들어 미국에 보내거나 아니면 미국 앨라배마 또는 조지아공장에서 생산해 현지 판매하는 지를 정해야 해서다. 한국에서 만들어 보내면 홀로 비싼 가격에 팔아야 하므로 판매에 어려움을 겪는 반면 미국에서 생산하면 국내 공장의 일자리가 그만큼 줄어든다. 이는 곧 한국 정부에도 부담이다.

바이든 행정부는 일자리 창출에 대해선 보호장벽을 높인 트럼프의 전략이 옳았다고 여기고 있다. 동맹과 가치, 환경 등의 대외적인 명분은 분명 트럼프와 선을 긋지만 기업의 일자리는 미국 내에서 만들어야 한다는 생각이 확고하다. 게다가 이를 위해 보조금을 투입하는 것이어서 협상의 틈새가 없다.

결국 현대차는 미국 내 전기차 생산과 충전 인프라 확충 등 미래 모빌리티 분야에 대응하기 위해 생산 설비를 확충하기로 결정했다. 2025년까지 한화 약 8조 4,000억 원을 투자할 계획이다. 물론 이러한 계획에 현대차 노조의 반발이 극심하다. 해외 공장보다 국내 공장에 집중해야 할 시기라고 말한다. 하지만 회사 입장에선 미국 내 수백 만 대의 전기차 시장을 포기할 수 없다. 늘어나는 전기차와 줄어드는 내연기관 사이에서 한국 자동차 산업은 완전히 새로운 시나리오를 고민해야 할 시점이다.

자율주행차 규정
손보려는 미국

자율주행 이동 수단의 미래를 얘기할 때 걸림돌로 여겨지는 항목은 크게 소비자 인식, 제품에 대한 규제, 그리고 도로 조건 등이 꼽힌다. 제아무리 기술이 앞서가도 이들 세 가지 조건이 충족되지 않으면 상용화는 불가능하다고 말이다. 그런데 세 가지 중에 소비자 인식을 제외한 나머지는 모두 정부의 몫이다. 인공지능이 운전을 대신하는 이동 수단의 판매를 정부가 허가해야 하고, 관련 도로의 인프라도 구축해야 한다. 그래야 실질적으로 운행되면서 소비자 인식도 달라지게 된다. 최근 유럽을 중심으로 자율주행 관련 규정의 도입이 조기 도입이 검토되는 것도 같은 맥락이다.

이런 가운데 미국이 일단 제품 규정을 손보기 위해 나섰다. 미국 도로교통안전국NHTSA이 자율주행 이동 수단임에도 반드시 넣으라고 규정했던 수동 조종시스템, 즉 스티어링 휠과 가감속 페달을 없애는 방안을 검토하기 시작했기 때문이다. 이는 곧 현재의 운전석이 동승석과 같은 개념으로 규정되는 것인 만큼 안전규정이 달라져야 한다는 것을 의미한다.

미국 내 자동차 기준에 따르면 스티어링 휠과 가감속 페달이 있는 차는 운전석에 모두 11가지의 안전 규정이 적용돼 있다. 하지만 자율주행 이동 수단은 운전석이 단순한 승차석으로 바뀌는 만큼 동일 기준을 적용하기 쉽지 않거나 불필요한 걸림돌로 오히려 인공지능 이동 수단의 발전을 저해하는 요소가 될 것으로 판단한 셈이다.

대표적인 사례가 좌석의 구분 개념이다. 운전석에서 '운전'의 기능이 사라지면 더 이상 '운전석'을 규정할 이유가 없어서다. 따라서 운전석 탑승보호 요건을 동승석과 동일하게 부여할 필요가 생겼고, 이동 수단이 단순한 배달용이라면 오히려 사람을 보호할 안전기준이 필요 없다는 입장을 나타냈다. 상식적으로도 배달용이라면 사람을 보호할 에어백과 안전띠가 없어도 되고, 눈부심을 방지할 선바이저는 물론 아예 좌석이 없어도 무방하기 때문이다. 이동 수단에서 중요한 것은 오로지 이동이 필요한 대상의 성격, 즉 사람과 화물만 구분할 뿐 운전자는 고려하지 않겠다는 의미다.

물론 미국 정부가 당장 규정을 바꾸는 것은 아니다. 하지만 관련 기업 의견을 접수하기 시작했고, 이미 자율주행 이동 수단의 누적 시험 주행거리가 지구 400바퀴 거리를 넘은 만큼 규정의 재정비는 선제적일 필요가 있다고 판단한 셈이다. 글로벌 자동차 주도권을 잃지 않으려는 미국으로선 중국이 배터리 전기차를 집중적으로 밀고 나갈 때 자율주행 이동 수단의 지능 고도화로 격차를 벌리는 식이다. 어차피 배터리 전기차는 각 나라마다 에너지 상황이 다르고 필요하면 언제든 늘릴 수 있는 선택적 문제에 불과한 만큼 지능의 격차가 훨씬 더 중요하다는 뜻이다. 게다가 자율주행 이동 수단은 활용 범위가 사람 및 화물 이동뿐 아니라 군수, 항공 등 움직이는 모든 산업에 적용 가능한 만큼 이동의 정확성에 초점을 맞추는 쪽에 집중하겠다는 의지다.

이처럼 미국이 이동에 집착하는 이유는 역사적으로 '이동의 우월'이 곧 지배의 힘으로 작용돼왔기 때문이다. 실제 인류는 시작 때부터 지금까지 이동의 속도와 기능 경쟁을 이어가는 중이다. 속도를 위해 두 발 대신 말을 길들여 전쟁에서 유리한 위치를 점했고, 이후 내연기관 이동 수단으로 오면서 '속도 경쟁'은 한층 치열해졌다. 어떻게 하면 더 빨리, 그리고 편안하게, 나아가 기능적으로 우월한 이동 방법을 고민해 왔다는 점에서 이동은 곧 현대산업 사회의 중요 경쟁력이 될 수밖에 없었던 셈이다.

당연히 모빌리티로 통칭되는 이동에 관해선 한국도 예외가 아니다. 자율주행 모빌리티 시장을 염두에 두고 미래를 만들어 갈 정부 의지도 확고하다. 하지만 규제에 관해선 여전히 한 걸음 뒤진 것도 사실이다. 다른 나라들이 운전자 없는 이동사업을 고민할 때 우리는 여전히 돈 받고 사람을 이동시켜 주는 유상운송의 해법조차 찾지 못하고 있다. 이런 이유로 차라리 운전자 없는 자율주행의 유상운송 투입을 세계 최초로 해보자는 목소리가 나오는 중이다. 이용 여부는 소비자가 직접 판단할테니 말이다.

자동차 국가주의
그리고 친환경차

2020년 유럽연합이 무려 132조 원에 달하는 자금을 풀기로 했다. 배경은 기업의 근로자 임금 보전이며, 코로나19로 직격탄을 맞은 항공사뿐 아니라 자동차회사도 상당수 포함했다. 이동이 통제되면서 완성차 공장 가동율이 크게 떨어진 탓에 일자리 위기가 순식간에 불어 닥쳤기 때문이다. 당시 한국자동차산업협회가 글로벌 자동차 공장 가동율을 조사한 결과 71%의 공장이 멈췄고, 이 중에는 2주 이상 생산을 재개하지 못한 곳도 상당수 포함돼 자동차 일자리 감소가 심각할 것으로 전망됐다.

조사 대상인 기업은 GM, 다임러, FCA, 르노, 포드, BMW, PSA, 혼다, 폭스바겐, 닛산, 테슬라, 토요타, 현대차·기아 등이다. 이들이 세계 곳곳에 설립한 공장은 300곳이며 이 가운데 213곳이 생산을 중단했거나 가동에 들어가지 못했다. 그렇다면 13개의 자동차그룹이 공장을 운영하는 국가와 생산량은 얼마나 될까? 코로나19 이전 기준인 한국자동차산업협회의 세계자동차통계에 따르면 2018년 13개국에서 생산된 글로벌 완성차는 모두 8,317만 대에 달한다. 같은 시기 글로벌 전체 완성차 생산이 9,670만 대였던 만큼 거의 대부분 생산이 13개국에 집중된 셈이다. 2020년 글로벌 생산은 8,730만 대로 예측됐고 코로나19에 따라 IHS는 7,330만 대까지 예상치를 낮췄다. 그러니 13개국의 완성차 생산도 줄어들기 마련이다.

그렇다면 개별 나라가 연간 생산하는 완성차는 얼마나 될까? 2018년 기준 중국이 2,780만 대로 가장 많고 뒤이어 미국(1,129만 대), 일본(972만 대), 독일(554만 대), 인도(517만 대), 멕시코(409만 대), 한국(402만 대), 브라질(287만 대), 스페인(281만 대), 프랑스(232만 대), 태국(216만 대), 캐나다(202만 대), 러시아(176만 대), 영국(160만 대) 순이다. 이 가운데 수출 비중이 높은 곳은 독일(77.8%), 한국(60.8%), 멕시코(84.2%), 영국(80.4%), 스페인(83.9%) 등이다.

수출 대수로 보면 일본이 481만대로 가장 많지만 비중은 50% 미만

단위(대)

국가별 완성차 생산대수

에 머문다. 반면 중국은 무려 2,780만 대를 생산해도 수출은 3.7%일 뿐이다. 미국 또한 완성차 수출 비중은 25.5%에 불과하다. 따라서 국경이 봉쇄되는 등의 락다운이 이어지면 수출 비중이 많은 나라일수록 코로나19 영향을 밀접하게 받을 수밖에 없다.

이런 가운데 산업부와 자동차산업협회는 2020년 4월 완성차 수출액이 23억 9,100만 달러로 전년 동월 대비 대비 36.3% 감소했으며 이는 2009년 금융 위기 이후 최대 감소폭이라고 밝혔다. 따라서 지금은 어떻게든 수출 감소폭을 줄이는 것이 곧 경쟁력이다. 모든 자동차회사가 판매 감소를 겪는 만큼 충격 최소화가 곧 생존의 요건이라는 의미다.

이런 시각에서 한국기업은 그나마 다행이다. 2020년 1분기 미국 시장에서 한국차 판매 감소는 5.4%에 그쳤기 때문이다. 반면 포드는 11.7%, 토요타는 8.8%, 혼다는 19.2% 감소했다. 감소폭이 한국차보다 적은 곳은 다임러(4.6%), 마즈다(4.5%) 정도일 뿐이다. 2020년 4월 판매에서도 현대차·기아의 감소폭이 30%를 넘었지만 다른 곳에 비하면 그나마 선방했다는 평가가 적지 않다. 미국 전체 완성차 판매가 63만 대에 머물 만큼 저조했기 때문이다. 참고로 코로나19 이전 미국 내 자동차 판매는 2020년 1월 114만 대, 2월 142만 대, 3월 90만 대였던 점을 감안할 때 4월의 63만 대는 그야말로 폭락이고, 현대차·기아로 대표되는 한국차는 상대적인 하락 폭이 적었다. 물론 위기에 따른 충격은 모든 자동차회사에 미치기 마련이지만 버티고 살아남는 것은 개별 기업의 몫으로 볼 때 긍정적인 요소인 것은 분명하다.

하지만 우려되는 것은 자동차 판매가 위축되며 나타나는 '과거로의 회귀' 현상이다. 대표적인 것이 친환경차에 대한 의지 약화다. 실제 포드의 프리미엄 브랜드 링컨은 석유 가격이 떨어지고, 정부의 친환경차 보조금이 줄고, 코로나19 여파로 소비자들의 주머니가 가벼워지자 전기차 개발을 중단했다. 또한 유럽연합은 자동차 이산화탄소CO_2 배출 허용량을 km당 95g으로 낮췄지만 코로나19로 규제는 하되 이를 위반해도 패널티를 부과하지 않는 쪽으로 가닥을 잡았다. 미국은 앞서 2025년까지 L당 23.2km의 효율을 맞춰야 하는 기준을 17.2km로 완화했다.

이런 상황에서 최근 국가주의도 고개를 들고 있어 걱정이다. 유럽연합이 돈을 투입해 유럽 지역 제조사를 살리면 유럽 브랜드를 구매하려는 경향이 발생하고 미국 또한 마찬가지다. 실제 미국은 지난 2009년 금융위기 때 정부 지원으로 GM을 되살렸고 이때 미국 내에선 GM차를 구매하자는 시민운동까지 벌어진 사례가 있다. 결국 이런 국가주의는 완성차 수출이 많은 한국에 절대적으로 불리하게 작용할 수 있어 돌파구가 필요하다는 목소리가 적지 않다.

고민 끝에 한국은 친환경차를 택했다. 어차피 잠시 주춤해도 방향이 친환경이라면 서둘러 발걸음을 옮기는 게 차라리 낫다는 판단이다. 이에 따라 정부는 친환경차의 배출가스 정밀검사를 제외하고, 전용보험을 만들어 보험료를 적게 내도록 하며, 수소는 정부가 앞장서 '생산-저장-유통'에 나서기로 했다. 또한 공공부문의 친환경차 의무구매도 확대하는 등 친환경차로 탈바꿈하는 시대에 선제적으로 대응할 방침이다. 그리고 이 같은 정부의 전략에 힘이 실리려면 무엇보다 완성차기업 또한 친환경차 수출 확대로 틈새를 공략해야 한다는 조언이 잇따르고 있다. 대부분의 자동차회사가 내연기관 중심으로 다시 되돌아가려 할 때 더 많은 친환경차 제품으로 위기를 돌파할 수 있다는 뜻이다. 코로나19가 자동차산업의 대전환을 가져오는 계기가 될 수밖에 없다면 친환경 기술 개발 촉진으로 미래를 대비함과 동시에 어려움을 극복하는 돌파구로 삼자는 주장에 힘이 실리는 배경이다.

자동차,
'생산-판매-개발'이 분리되는 이유

"자동차를 만드는 것과 개발하는 것, 그리고 판매하는 일은 모두 제각 각이다."

최근 글로벌 자동차업계에 불어 닥치는 흐름이다. 쉽게 보면 연구 개발을 통해 대량 생산이 가능한 제품을 개발하면 누군가 생산을 해 주고, 공장에서 만들어진 제품을 판매하는 사업은 별도로 운영된다는 뜻이다.

실례로 자동차 부품회사 마그나MAGNA는 오스트리아 그라츠 완성차 공장에서 재규어 요청에 따라 E-페이스를 생산, 유럽 내 사업자에게 공급하고 있다. BMW 5시리즈의 일부는 물론 벤츠 G클래스도 마그나가 생산한다. 푸조 RCZ 라벨에도 '메이드 인 오스트리아'가 부착됐을 만큼 완성차 생산에 주력한다. 국내에 선보인 재규어 최초 전기차 I-페이스도 마그나가 생산한다. 그래서 오스트리아 또한 자동차 생산국 반열에 올라 있다.

한국자동차산업협회 2016 세계자동차통계에 따르면 오스트리아의 연간 완성차 생산 규모는 10만 대 가량이다. 완성차회사가 한 곳도 없는 국가지만 완성차를 위탁 생산해주며 부품산업의 경쟁력을 함께 키

위가는 중이다.

비슷한 사례는 국내에도 있다. 충남 서산에 위치한 동희오토는 자동차 부품기업 동희가 대주주인 경차전문 생산 기업이다. 기아 모닝이 이곳에서 만들어져 국내외 판매점에 공급된다. 물론 기아도 지분이 있지만 국내 최초로 자동차 부문의 생산 외주화 사례로 꼽힌다. 이를 두고 비판의 목소리도 있지만 생산과 판매를 분리하려는 움직임은 적지 않게 포착된다.

그간 자동차회사는 연구개발, 생산, 판매를 모두 수행하며 성장해왔다. 그래서 대부분의 거대 완성차회사는 자체 생산 공장을 글로벌 곳곳에 세우며 판매 현장에 차질 없이 공급했다. 이 과정에서 가장 먼저 분리된 것은 판매다. 소비자와 직접 만나는 판매 부문은 금융사가 연관될 수밖에 없고, 재고도 책임져야 했던 만큼 별도 사업자가 필요했기 때문이다. 한국의 경우도 현대차·기아 일부 대리점을 제외하면 대부분의 판매사는 제조사와 계약을 맺은 별도 사업자들이다. 다만, 이들은 재고를 운영하지 않는 위탁 판매점 형태지만 수입사는 전형적인 재고 보유 판매사로 운영된다.

판매가 분리되면서 서비스도 마찬가지 구조로 변해왔다. 아직은 제조사가 직접 서비스를 해주기도 하지만 판매와 서비스를 함께 수행하는 사업자도 적지 않다. 단적인 예로 국내 자동차회사는 서비스를 직영과 대리점을 나눠 운영하지만 수입사는 대부분의 서비스를 판매사가 책임진다. 둘 모두 소비자와 직접 만나는 창구라는 점에서 판매자가 곧 서비스 제공자가 돼야 한다는 의미다.

이런 가운데 최근에는 생산이 점차 분리되고 있다. 자동차회사가 공장을 보유하는 것 자체가 점차 의미가 없어진다는 뜻이다. 어차피 지금도 완성차회사 공장은 수많은 부품을 공급받아 조립하는 역할인 만큼 굳이 자동차회사가 공장을 보유할 필요성이 있느냐는 질문이다. 실제 한국에서도 일부 차종은 부품회사에서 80% 가량을 조립, 나머지를 완성차 공장으로 넘기는 경우도 있다. 따라서 나머지 20%도 부품회사가 마저 조립해도 생산은 문제가 없다.

그렇다면 자동차회사의 역할은 무엇일까? 바로 연구개발과 마케팅이다. 만들어 판매할 제품을 개발하고, 생산을 위탁받은 기업이 제품을 만들어주면 어떻게 판매할 것인지 고민하는 일에만 집중하려는 경향이 점차 커지고 있다. 이 과정에서 생산은 만약을 대비해 여러 공장에 맡기는 식이다.

이처럼 개발, 생산, 판매 및 서비스가 분리되려는 경향이 강해지는 이유는 각 분야의 경쟁 요소가 분명하게 다르기 때문이다. 연구개발의 경우 개발자 중심의 인재 확보가 우선이며, 생산은 투입되는 비용이 같을 때 시간당 생산대수가 많은 게 유리하다. 또한 판매는 소비 시장의 규모와 1인당 판매대수가 생존을 좌우한다. 따라서 연구부문은 개발 인력이 풍부한 곳으로 사업장이 이동하고, 생산은 저비용으로 시간당 생산이 많은 지역에 집중된다. 판매 또한 시장 규모가 큰 국가로 몰려드는 것은 당연지사다.

여러 부문 중에서도 가장 경쟁이 치열한 곳은 생산과 판매다. 그런데 생산과 판매는 경쟁의 대상이 다른 게 차이점이다. 판매는 다른 브랜드를 판매하는 사업자인 반면 생산은 동일한 자동차를 만드는 공장 간의 경쟁이다. 그래서 판매 사업자는 공장이 소재한 지역 또는 국가와 관계없이 제품만 잘 공급되면 그만이다. 하지만 생산은 지역 및 국가 간의 경쟁이 불가피하다. 최근 미국 GM이 한국 부평공장에서 생산되는 트랙스의 생산을 중국에서 대체하는 방안을 검토한 것도 결국 생산은 어디서든 잘 만들어주면 되는 곳으로 옮길 수 있다는 신호가 아닐 수 없다.

따라서 국내 자동차산업도 이제는 서서히 생산 경쟁력을 높여가야 한다. 국내 시각에서 생산은 한국 내 공장이 위치한 지역 간의 경쟁이며, 이를 확대하면 말 그대로 국가 간의 경쟁이다. 트럼프 대통령이 자동차 생산을 미국으로 가져가려는 것도 결국은 국가 간 자동차 생산 경쟁이니 말이다.

미래차와 일자리

전기차,
엔진 부품의 고민은 깊어진다

미국 라스베가스 CES에서 만난 현대차 정의선 부회장의 말이 머리에서 떠나지 않는다. 동력의 전기화가 진행되는 속도가 생각보다 빠른 만큼 협력업체도 서둘러 산업 전환 시대를 대비해야 한다는 조언이다. 한마디로 최대한 협력 관계는 유지하겠지만 동력 전환의 흐름을 따라가지 못하는 부품 업체는 도태될 수 있다는 뜻이다. 그간 지속적으로 부품 업체에 전기화 대비를 알려왔다는 점에서 보호를 바란다면 그건 착각이라는 메시지를 은근히 던진 셈이다.

실제 속도는 빠르다. 여기에 정부도 적극적이다. 1회 충전으로 서울에서 부산까지 문제없이 달릴 수 있는 전기차, 속도가 2배 이상 빠른 충전 기술을 2022년까지 개발한다는 목표 아래 과감한 예산 편성을 약속했다. 또 전국 고속도로 5,000 km 를 지능형으로 바꿔 실시간 주변 정보를 자율주행차에 제공하고 자동차 간 통신망도 구축키로 했다. 계획이 달성되면 2022년이면 전국에 급속 충전기만 1만 개에 달하고, 이 경우 전기차의 불편함은 사라지게 된다. 당연히 완성차기업은 전기차 가격을 내연기관 수준으로 맞추려 할 것이고, 소비자는 상황에 따라 내연기관 또는 배터리 전기차와 수소전기차 가운데 하나를 선택하면 된다.

하지만 이런 변화에도 불구하고 국내 자동차 부품업체의 반응은 '그래도 내연기관'이라는 입장이 적지 않다. 2022년에도 연간 판매되는 180만 대의 신차 가운데 80% 이상은 내연기관이 유지될 것이라는 예상에서다. 그런데 전기차 및 자율주행차의 투자 비용이 내연기관에서 얻어지는 현재의 완성차회사 사업 구조를 감안하면 이들의 얘기가 틀린 것도 아니다. 폭스바겐이 신차 판매의 20%를 전기차로 바꾸겠다는 것은 현재 1,000만 대 기준으로 내연기관 800만 대와 전기차 200만 대를 의미하는 게 아니라 전체 판매를 1,400만 대로 늘리고 이 가운데 260만 대를 전기차로 하겠다는 복안이다. 결국 내연기관은 지금보다

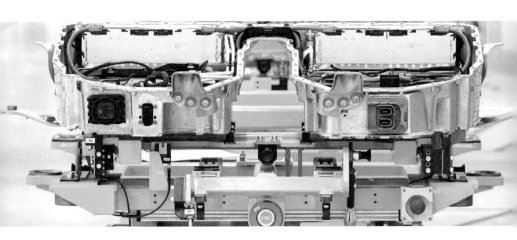

100만 대 이상 커진다는 뜻이다.

그러나 중요한 것은 상용차의 변곡점이다. 승용은 조금 늦을 수 있지만 정해진 이동거리를 반복적으로 오가는 상용차의 전기화 흐름은 눈여겨볼 대목이다. 정부가 버스, 택시, 소형트럭 등을 전기차로 집중 전환하려는 것도 같은 맥락이고, 실제 5개 내외 지자체를 선정해 매년 10%씩 전기차로 바꾸겠다고 발표했다. 이 경우 2030년까지 국내에서 운용되는 상용차는 100% 전기차로 대체된다.

이런 상황에서 부품사의 고민은 적지 않다. 전기차는 내연기관과 기본적으로 동력 발생 장치가 달라서다. 머플러가 필요 없고, 협력사 규모가 상당한 내연기관 부품도 사라진다. 휘발유나 경유를 담는 연료 탱크도 없어진다. 변속기도 지금과 다르고 엔진오일 교체도 불필요하다. 따라서 자동차 산업 전체 고용에 직접적인 영향을 미치는 것은 불가피하다. 이를 두고 내연기관 산업의 절반 이상이 없어진다는 우려가 있는 반면 전기차 관련 부품이 새로운 일자리를 만들 것이란 청사진도 있다.

하지만 전기화가 진행될수록 내연기관 산업은 쇠퇴하고, 일자리의 절대 숫자 또한 줄어드는 쪽에 무게가 더 실린다. 전기차산업이 만들어낼 신규 일자리 규모가 기존 내연기관을 대체하기에는 턱없이 부족해서다. 정부 입장에선 전체 자동차산업을 키워 일자리를 보전하는 방안을 떠올리겠지만 현실적으로 불가능하다. 글로벌 자동차 시장의 성장세가 과거만큼 폭발적이지 않고, 새롭게 떠오르는 시장은 내연기관을 건너 전기화로 직접 뛰어가고 있어서다. 마치 2G에서 3G와 4G를 건너 5G로 직행하는 것처럼 말이다.

그러자 국내 자동차 부품업체의 발길도 분주하다. 하지만 답답함을 호소하는 기업도 많다. 대세를 놓치면 생존 위기가 온다는 사실을 알지만 어떻게 대비해야 할지 막막해서다. 해결책으로 적극적인 M&A 조언이 쏟아지지만 쉽게 결정은 내리지 못한다. 오랜 시간 '나의 것, 내 것'에 익숙해져 있기 때문이다. 하지만 완성차회사가 내연기관으로 만든 수익을 전기차에 투자하는 것처럼 내연기관 부품업체도 자금이 필요한 전기차 부품사와 손잡는 M&A를 주목해야 한다. 홀로 독자 생존을 고집하는 것 자체가 위험을 초래하는 시대로 바뀌고 있어서다.

배출기준 강화가
일자리를 줄인다?

자동차 배출가스 기준이 까다롭고 높아질수록 일자리가 줄어들 수 있다는 주장이 제기됐다. 그만큼 EV 등의 친환경차 판매를 늘려야 하고, 이는 내연기관 부품기업들의 도태를 의미해서다.

목소리를 낸 곳은 자동차회사들이 뭉친 유럽자동차제조협회ACEA다. 유럽연합이 이산화탄소 배출 규제를 강화하겠다는 입장을 나타내자 이를 충족하려면 전기차 판매를 늘려야 하는 만큼 내연기관 연관 사업이 축소될 수 있음을 경고한 셈이다. 한마디로 배출가스 기준 강화로 환경을 앞세우면 자동차산업 일자리가 줄어드니 정치적으로 그 문제를 책임을 지라는 뜻이다.

하지만 유럽연합은 기후변화 속도를 줄이기 위해 2030년까지 자동차 이산화탄소 평균 배출량을 km당 67g에 맞추라는 요구를 내놨다.

2021년 기준인 95g에 비해 30% 줄어든 수치다. 나아가 유럽 내에선 *km*당 43g에 맞추라는 목소리도 나오고 있다. 내연기관으로는 결코 기준 충족이 불가능하다고 판단한 자동차회사들이 어쩔 수 없이 전기차 비중을 늘릴 수밖에 없게 됐다. 이 과정에서 내연기관 관련 일자리가 사라지는 것을 기업의 책임으로 전가하면 안 된다는 메시지도 함께 드러내는 형국이다.

실제 EV 비중이 늘어날수록 내연기관 관련 일자리 감소폭은 예상을 웃돌 만큼 빠르게 전개될 것이라는 게 완성차 회사들의 설명이다. 독일 프라운호퍼 노동경제연구소는 독일 내 금속노조 의뢰로 수행한 연구에서 2030년까지 내연기관 파워트레인엔진 및 변속기 관련된 기술 인력 7만 5,000명의 일자리가 사라질 것으로 전망했다. 이는 현재 21만 명의 30%에 해당되는 것으로, 연간 판매되는 자동차 가운데 25%가 EV로 바뀐다는 전제가 적용됐다. 엔진을 만들 때 10명이 필요하다면 배터리는 2명이면 충분하기 때문이다. 또한 전기차 1대당 생산 시간도 내연기관의 30%에 불과한 만큼 실제 공장 내 생산 인력의 상당한 감축 또한 불가피하다고 전망했다.

그러자 독일 내 자동차노조도 변화를 대비하겠다는 입장을 나타냈다. 환경을 보호하자는 명분은 노조 또한 지킬 수밖에 없다. 다만 일자리가 사라지는 만큼 다른 일자리로 전환될 수 있도록 자동차회사가 근로자 재교육에 많은 재원을 투자해야 한다는 입장을 나타냈다. 더불어 정부에는 실업을 대비한 단기 수당의 확대를 요구할 계획이다.

그런데 이는 비단 독일에 국한된 얘기도 아니다. 민주노총 금속노조 산하 노동연구원이 발표한 '자율주행과 모빌리티 서비스로 변화하는 자동차산업' 보고서에 따르면 근로자의 숙련도는 컴퓨터와 자동화로 대체돼 지금과 같은 노사 구조가 유지된다면 위기를 맞을 수 있다고 경고했다. 자동차 생산이 늘어도 일자리는 줄어들 수 있어서다.

물론 달리 보면 내연기관 일자리 감소는 EV 부문의 새로운 일자리 창출로 전환되기도 한다. 포르쉐는 최근 EV 스포츠카 미션-E 개발로 1,200개의 일자리가 만들어졌다는 점을 내세우며 전동화Electrification가 새로운 일자리 기회가 될 수 있다고 설명했다. 하지만 포르쉐의 경우 글로벌 시장에서 연간 24만 대 생산에 불과한 만큼 일자리 전환이 가능한 반면 연간 1,000만 대를 넘게 생산하는 토요타, 900만 대의 GM과 폭스바겐, 700만 대의 현대기아 등은 전환 자체가 쉽지 않다. 평균 배출가스 기준이 강화돼 전기차 생산 비중이 높아지면 내연기관 협력사부터 일자리가 줄고, 결국 완성차 공장의 일자리도 줄어든다는 뜻이다.

그리고 변화는 이미 진행 중이다. 빠르게 전개되는 부품업계의 M&A가 그 시작이다. 전통적인 내연기관 부품기업이 IT 및 EV 관련 부품 회사를 인수하거나 소규모 전기차 제조사를 아예 흡수하는 방식이다. 또한 중국 내 소형 EV를 도입하고, 유럽에서 쓸 만한 전기차를 가져와 판매에 나서려는 움직임도 적지 않다. 하지만 이는 어디까지나 단기 처방일 뿐 근본적인 해결 방안은 아니다. EV 관련 부품사업으로 전환해도 일자리 축소는 어쩔 수 없기 때문이다.

이렇게 적극적인 M&A 조언이 쏟아지지만 국내 부품업계는 오랜시간 '내 것'에 익숙해 합치는 게 쉽지 않다. 하지만 내연기관 부품 업체가 홀로 독자 생존을 고집하는 것 자체가 위험을 초래하는 시대다. 배출규제 강화는 결코 피할 수 없는 흐름이니 말이다.

현대차,
광주에 투자한 진짜 이유

자치단체가 주도한 자본금 7,000억 원의 자동차 제조기업이 광주에 들어섰다. 공장에서 생산할 제품이 있어야 하니 현대차를 끌어들이되 참여 약속을 공고히 하는 차원에서 530억 원의 투자를 이끌어냈다. 그런데 현대차도 호락호락하지 않았다. 생산된 제품을 사갈 때 최저가를 보장하라고 했다. 광주시는 이를 위해 근로자의 주거, 복지, 교육, 의료 등에 세금을 투입키로 했다. 대신 안정된 생산 물량을 요구했고 현대차는 누적생산 35만 대가 될 때까지 제품 가격이 오르면 받아들일 수 없다는 점도 분명히 했다. 한마디로 3년 6개월 동안 임금 인상을 하지 않겠다고 약속하라는 메시지다. 그리고 해당 요구는 '노사상생협의회 결정사항 유효 기간'이라는 단어로 정리됐다.

외형적으로 성공한 작품처럼 보이는 광주형 일자리의 핵심은 국내 고임금 생산 구조를 바꿔보자는 구조개혁의 시작이다. 그래야 기업의 투자가 늘어나고 일자리가 만들어질 수 있어서다. 그럼에도 현실 세계는 냉정한 정글과 같다. 지금은 서로 '윈-윈'처럼 보이지만 자치단체, 정부, 현대차 모두 살얼음판을 걷는 중이다. 특히 민간 자본인 현대차는 내심 530억 원의 손실 처리까지 염두에 두고 있다.

그럼에도 현대차는 왜 광주에 거액을 투자했을까? 이유는 4가지로 모아진다. 만들어 낼 경형 SUV는 수익성이 낮은 제품이어서 저비용 생산이 필수다. 그중 핵심 항목인 인건비 부담이 울산공장에 비해 현저히 낮아 투자금의 조기 회수 가능성이 높다. 두 번째는 경영 승계에 따른 정

광주형 일자리 모델로 탄생한 광주 글로벌모터스

부와의 타협이다. 정의선 부회장의 안정적인 승계를 위해 사전에 국내 일자리 창출에 기여한다는 이미지를 만들 필요가 있다. 세 번째는 기존 현대차 생산노조에 대한 압박이다. 생산직 고령화로 매년 정년 퇴직자가 늘어날 때 새로 뽑는 것보다 비용이 낮은 광주 공장에 생산을 맡기면 된다. 그리고 마지막은 최악의 경우 투자금 530억 원 정도는 손실로 처리돼도 감당할 수 있다는 뜻이다. 국내 고비용 생산을 저비용으로 바꾸는 작업인 만큼 성공하면 단순히 경형 SUV의 수익이 아니라 회사 전체 이익이 증가할 수 있지만 실패해도 광주가 약속한 35만 대를 팔아 일부 보전하면 된다. 그러니 현대차로선 결코 손해 보는 장사가 아닌 셈이다. 기업은 앞날이 불투명한 투자는 결코 하지 않는다.

투자 확약을 하자 예상대로 현대차·기아 노조가 반발했다. 향후 노조 구성원의 숫자가 줄어 힘이 약화될 수 있어서다. 그럼에도 회사는 오히려 묵묵부답으로 일관했다. 임금과 복지, 그리고 지위는 그대로 유지되는 상황에서 광주 공장에 생산을 위탁할 뿐이다.

진통 끝에 첫 지역상생형 일자리인 광주글로벌모터스는 광주시가 1대 주주, 현대차가 2대 주주로 항해를 시작했다. 520여 명의 노동자들은 주 40시간 노동을 기준으로 평균 3,500만 원의 연봉을 받는다. 국내 다른 자동차공장의 절반 수준으로 임금을 낮추는 대신 중소 협력업체 노동자들에게도 혜택이 돌아가는 동반성장을 추구한다. 대신 정부와 광주시 등은 주거와 복지, 의료 지원 등 '사회적 임금'을 GGM 노동자들에게 지원한다. 노동조합도 없다. 광주시와 현대차가 맺은 협약에 따라 노동자와 경영진이 노동 조건 등에 협의할 뿐이다.

이 프로젝트는 사실상 현대차가 530억 원을 투자해 국내 자동차 제조업의 고비용 임금 구조를 바꾸려는 시도다. 일자리 확대를 위한 투자 생색을 내면서도 노조 문제는 정부가 직접 해결하라는 암묵적 요구다. 과연 광주형 일자리는 제 몫을 해낼 것인가. 지켜봐야 할 문제다.

운전자 없는 세상과
일자리

바퀴 달린 이동 수단을 구분할 때 사람이 타면 여객, 물건이 실리면 화물로 분류한다. 그리고 본질적으로 '(사람의) 탑승'과 '(물건의) 탑재'를 구분하는 기준은 실내 공간이다. 사람이 편하게 이동하도록 설계하면 여객이고 화물적재가 쉽도록 하면 화물이다. 항공기 또한 사람이 탑승하면 여객기, 화물을 실으면 화물기로 나누고 선박 또한 사람이 타면 여객선, 화물이 실리면 화물선으로 구분한다. 이동하는 모든 것의 가장 기본적인 구분이 바로 사람을 태울 것인가 아니면 물건을 적재할 것인가로 구분된다.

그리고 오랜 시간 교통과 관련된 모든 제도는 '사람'과 '물건'의 이동을 기준 삼아 발전해왔다. 따라서 이동Mobility을 크게 분류하면 이동하는 공간하늘, 바다, 땅, 그리고 무엇이 이동하는가여객, 화물가 핵심이다. 이를 기준으로 법적 제도는 사람이든 물건이든 안전하게 이동할 수 있도록 만들어져 왔다. 이동에 관한 모든 규제의 초점은 '안전Safety'이었는데, 이유는 이동 자체가 움직이는 것이어서 고정된 것보다 사고 위험이 높았기 때문이다.

물론 안전에 대한 규제는 이동 수단뿐 아니라 이동 수단을 조종하는 사람도 중요했다. 이런 이유로 운전자, 조종사, 선장을 포함한 항해사 등에 자격증을 부여하고, 필요하면 정기적인 교육 및 기능 수행 검사 등을 통해 운전 능력을 평가해왔다.

그런데 최근 이 같은 제도를 송두리째 뒤흔드는 일이 벌어지고 있다. 인공지능이 사람보다 '안전성' 면에서 점차 우월한 지위를 확보해가고 있어서다. 아직 완벽하지 않지만 현재의 기술 발전 속도를 고려할 때 2030년 이후는 운전자 없는 이동 수단이 거리를 확보할 가능성이 높다. 지구 전체 자동차가 모두 자율주행으로 바뀌려면 오랜 시간이 걸리겠지만 부분적으로 자율주행이 사람과 물건을 이동시키는 시대로 점차 변모해가는 것은 명약관화하다.

여기서 최대 화두는 운전이라는 직업의 실종이다. 공장의 자동화만 일자리를 줄이는 게 아니라 자율주행은 '조종하는 직업' 자체를 없애기 마련이다. 이를 두고 일부는 마차 시대에서 내연기관으로 전환된 것과 같은 혁신을 언급하지만 이동 수단의 변화는 동력 전환을 의미할 뿐 사람의 역할은 유지됐다는 점에서 차이가 있다.

단적으로 인류 이동의 역사에서 운전자는 결코 사라진 적이 없다. 과거 가마를 떠올리면 가마를 든 사람이 바퀴에 해당되고 앞서 걸으며 수레나 가마를 덮는 가리개인 '안롱鞍籠'을 든 사람이 일종의 운전자였다. 그런데 가마꾼은 바퀴가 역할을 대신하며 사라졌지만 말이 수레를 끌면서 운전자는 마부로 전환됐다. 일종의 직업 변신이다. 이후 내연기관 등장으로 마차 시대가 끝나자 마부는 채찍 대신 스티어링 휠을 잡고 속도와 방향을 조절하는 운전자로 바뀌었다. 이동 수단 자체가 변했어도 여전히 '운전'이라는 직업 자체가 사라진 것은 아닌 셈이다.

하지만 자율주행은 이제 '운전'이라는 행위 자체를 없애려한다. 사람보다 똑똑한 인공지능이 다양한 센서로 입력된 정보를 계산해 속도와 방향을 스스로 조절한다. 운전이라는 직업이 다른 것으로 전환되는 게 아니라 사라진다는 의미다. 동시에 이동을 필요로 하는 사람과 물건의 구분도 없애자고 제안한다. 물건과 사람을 동시에 이동시킬 수 있도록 새로운 이동 수단을 만들어 공유 공간으로 쓰자고 말이다. 쉽게 보면 운전자 없는 택시로 사람도 태우고 물건도 나르자는 개념이다. 컨테이너를 연결해 서울에서 부산으로 가는 트레일러를 운전자 없는 버스 형태로 바꾸면 사람도 타고 물건도 나르는 복합 기능을 수행할 수 있다. 운전자 없는 화물트럭 10대에 앞차만 보고 따라가는 플래투닝 기술을 넣으면 10t의 이동 비용으로 100t을 나를 수 있다. 이 경우 결국 사람과 화물의 구분 없는 이동 시대가 도래할 수밖에 없고 지금의 운송체계는 허물어지기 마련이다. 이동 방식(시간, 공간의 편리함 등등)을 요구하는 사람과 어떤 물건을 이동시킬지 기능에 따라 이동 수단만 구분할 뿐 운전자 영역은 구분 자체가 필요 없다는 의미다. 그러니 운전자를 위한 별도의 자격증도 필요 없고 안전 교육 등도 불필요하다. 규제의 초점이 사람이 아니라 이동 수단의 완벽성으로 옮겨 간다는 뜻이다.

이런 흐름은 이미 시작됐다. 이제 막을 수도 없고 막는 것 자체가 어려운 일이다. 완벽한 자율주행을 위해 경험 데이터가 쌓이는 중이며, 찰나의 순간마다 정확한 계산을 하기 위해 데이터 처리 속도가 빨라지고, 계산에 필요한 에너지의 공급 문제도 해결책을 찾아가고 있다. 그러니 이제는 사회 제도를 고민해야 할 때다. 지금의 교통 체계를 다시 짜는 것 말이다. 그런데 한국은 모든 미래 전략에서 기술만 집중될 뿐 제도는 고민하지 않아 걱정이다. 기술과 사람의 생활 양식은 변하는데 제도가 바뀌지 않는다. 그리고 제도 변화는 기존의 것을 고치고 개선하는 게 아니라 없애고 다시 짜는 게 핵심이다.

자동차
온라인 판매의 이면

미국 북부 디트로이트를 포함한 미시건은 대표적인 자동차 타운으로 불리는 지역이다. GM, 포드, 크라이슬러 등의 공장과 본사가 밀집돼 다른 지역보다 자동차 우선 정책이 펼쳐지는 곳으로 유명하다. 그래서 코로나가 아니었다면 강력한 미국 우선주의와 내연기관 회귀를 주장했던 과거 트럼프 대통령의 지지가 유지됐을 지역으로 분류되기도 한다.

그런데 오랜 시간 자동차를 지역의 핵심 산업으로 삼다 보니 오히려 시대의 흐름에 밀린다는 비판도 적지 않다. 그리고 대표적인 사례가 자동차회사의 직접 판매 금지다. '제조-소비'는 안되고 '제조-판매-소비'의 유통 구조만 법적으로 허용하는 탓이다. 이는 그만큼 자동차 판매 전문 기업의 영향력과 종사자 규모가 적지 않다는 것을 의미하기도 한다.

하지만 미시건도 논란에 휩싸였다. 미국 내 테슬라가 '제조-소비'의 직접 유통 구조를 만들면서 발단이 됐다. 테슬라는 미시건 주정부에 온라인 기반의 '제조-소비'의 직접 유통을 요청했지만 미시건 주정부는 이를 받아들이지 않았다. 이에 따라 미시건 거주자는 인근 다른 지역에서 테슬라 제품을 받아야 했고 서비스도 예외는 아니다. 그럼에도 테슬라는 미시건에 전시장을 만들되 이름은 달리했다. 판매를 위한 전시장, 즉 쇼룸Show Room이 아니라 단순 구경에 그치는 '갤러리Gallery'였고 구매 계약은 법적으로 불가능했다.

이런 상황에서 온라인 판매 구조가 미국 내 다른 주에서도 확장되자 미시건 의회는 테슬라 직접 판매를 허용하는 법안을 추진해 하원을 통과시켰다. 하지만 결국 상원 안건에 올려지지 않아 시행은 어렵게 됐다. 그리고 표결 사안에 오르지 못한 데는 기존 판매사들의 반대는 물론 GM과 포드 등의 제조사 입김도 한몫했다. 결국 법안 통과를 기대했던 테슬라는 법적 소송을 준비하겠다는 의사를 밝히기도 했다.

여기서 주목할 점은 테슬라 직접 판매에 대한 기존 완성차기업의

온라인 판매를 선도한 테슬라 '모델Y'

반대 명분이고 핵심으로 지목된 항목은 다름 아닌 '애프터 서비스'였다. 미국은 오랜 시간 유통, 즉 판매사가 애프터서비스까지 담당해왔다는 점에서 판매사의 배제는 곧 제조물의 서비스 중단과 직결된다고 본 것이다. 만약 '제조-소비' 구조가 허용되면 판매사가 애프터 서비스 의무를 제조사에 넘길 수밖에 없는데 제조사가 이를 떠안는 것은 당장 엄청난 비용으로 직결된다는 뜻이다. 따라서 판매사의 힘은 서비스에서 나오고 이를 기반으로 '제조-판매-소비' 구조가 형성되었다. 그럼에도 테슬라가 '제조-소비' 구조를 가져가려는 이유는 판매사의 유통 수익을 제조사 및 소비자와 나누는 것이 가격 경쟁력 확보에 유리하다고 판단했기 때문이다. 동시에 서비스는 위탁으로 해결하는 게 그들로서는 최선이었던 셈이다. 비록 소비자 불편이 조금 뒤따르더라도 말이다.

그럼 한국은 어떨까? 여전히 '제조-판매-소비' 구조가 유지되지만 미국과는 조금 다른 측면이 있다. 애프터서비스를 시행하는 곳이 '제조사'와 '전문기업'으로 구분돼 있어서다. 오히려 판매사가 AS를 맡지 않아 '제조-소비' 구조로 바뀔 가능성이 높은 곳도 있지만 일부 제조사는 AS 전체를 판매사에 넘긴 혼합형이어서 오히려 미국보다 구조적으로 '제조-소비' 유통 구조 형성이 쉽지 않을 수도 있다.

그럼에도 최근 국내에선 일부 전기차의 온라인 판매 소식과 함께 반발 움직임도 함께 전해졌다. 이른바 배터리 전기차의 온라인 직접 판매 얘기다. 제조사가 온라인 직거래를 하면 유통 비용이 절감돼 가격이 내려갈 수 있다는 기대감이다. 그러자 한편에선 전기차 판매의 핵심은 온오프라인 영역 구분이 아니라 정부 보조금에 있다는 점을 들어 온라인 직거래의 효용성에 물음표를 던지기도 한다. 효용성이 없다면 결국 소비자 불편만 가중될 뿐이라고 말이다. 따라서 '온라인 판매는 '제조-판매-소비' 구조가 '제조-소비'로 바뀌는 것을 의미하는 게 아니라 아직은 판매 단계에서 대면이 비대면으로 바뀌는 개념에 머물고 있다.

물론 향후 애프터 서비스 문제가 없다는 전제 하에 온라인 직거래는 판매 과정에서 발생하는 비용을 줄일 수 있지만 그렇다고 여기서 발생한 비용 절감이 소비자 가격 인하로 직결될 것이란 확신도 별로 없다. 줄어드는 비용을 어떻게 사용할 것인가의 문제 또한 어디까지나 제조사의 선택에 달려 있어서다. 그래서 자동차 온라인 판매는 단순한 판매 과정의 변화가 아니라 판매 이후 발생하는 모든 오토 라이프의 변화가 핵심이다. 그리고 전제 조건은 애프터 서비스의 불편이 없어야 한다는 사실이다.

03 | ♫

자동차와 세금

자동차, '세금 vs 환경' 누구의 손 들어주나

기획재정부가 자동차 개별소비세율을 30% 인하했다. 이에 따라 2021년 12월까지 공장도가격의 5%였던 개별소비세율은 3.5%만 계산돼 차 가격에 포함된다. 이른바 내수 활성화를 위한 자동차 소비 촉진 차원이다.

인하의 배경은 세율 인하로 자동차 판매가 늘어나면 내수 경기가 활성화 된다는 논리가 작용했다. 실제 정부는 승용차 감세로 민간 소비가 0.1~0.2%p, 국내총생산GDP은 최대 0.1%p 상승할 것으로 예측했다. 그리고 대표적인 사례로 지난 2015년 8월부터 이듬해 6월까지 승용차 개소세율을 내렸던 상황을 끄집어냈다. 당시 월평균 승용차 판매가 이전과 비교해 1만 대가량 늘었기 때문이다. 한마디로 세금 깎아줄테니 승용차 많이 사라는 뜻이다.

개별소비세가 내려가면 분명 승용차 판매는 증가한다. 하지만 이는 어디까지나 미래 수요를 현재로 앞당긴 것에 불과할 뿐 전체 수요 증가를 의미하는 것은 아니다. 한국자동차산업협회와 수입차협회 통계에 따르면 실제 정부가 개별소비세율을 낮춰던 2015년과 2016년 연간 승용차 내수 판매는 각각 157만 대와 156만 대에 달했다. 하지만 세율이 환원된 2017년에는 140만 대로 곤두박질쳤다.

물론 이번 개소세 인하 배경에는 여러 가지가 복합적으로 작용했다. 먼저 세수가 충분했다. 국세청 통계에 따르면 2016년 승용차 개별소비세는 모두 9,769억 원이 징수됐지만 2017년에는 1조 188억 원으로 증가했다. 게다가 유류에 부과되는 교통에너지환경세도 2016년 15조 6,000억 원에서 2017년에는 15조 8,000억 원으로 오히려 2,000억 원 증가했다. 대당 이용 거리 감소 대신 전체 등록대수 증가로 유류세 규모가 유지됐기 때문이다. 이런 가운데 보호무역 확장 기조로 수출 감소 우려도 반영됐다. 어쨌든 공장은 돌아가야 근로자들의 일자리도 지켜지기 때문이다.

그렇게 보면 국내에서 자동차는 매우 중요한 산업이 아닐 수 없다. 자동차 판매가 늘어날수록 개별소비세와 교육세, 부가세 등의 세입이 증대하고, 소비자가 자동차를 운행하는 과정에서 유류세도 확보된다. 그러니 정부 입장에선 자동차가 많이 판매될수록 사용 가능한 재정 실탄도 증가해 필요한 곳에 쓸 수 있다.

하지만 판매 촉진은 제한된 공간에서 자동차의 운행 밀집도를 높이는 것이기도 하다. 도로는 자동차로 넘쳐나고 주차 공간도 부족해 시비가 벌어지기 일쑤다. 그래서 주말에만 자동차를 이용하는 사람도 적지 않다. 그 틈을 비집고 초단기 렌탈인 카셰어링 산업도 성행 중이다. 그런데 카셰어링은 말 그대로 자동차 한 대를 여러 명이 공유하는 사업이다. 이를 통해 자동차 구매를 줄여 한정된 공간의 운행 밀집도를 낮추자는 사업이다. 이 경우 교통 흐름이 개선되고, 효율이 올라 배출가스는 감소한다. 덕분에 자동차가 줄어들면 지금처럼 주차장을 두고 싸울 일도 줄어든다.

그럼에도 판매가 감소하면 정부는 또다시 세금 감소를 걱정해야 한다. 게다가 효율 향상은 곧 기름을 적게 소비한다는 의미이고, 이는 유류세 감소와 직결된다. 나아가 개별소비세를 포함해 지자체의 중요 세원인 자동차세도 감소한다. 세금 덩어리인 자동차 판매 활성화로 세금을 징수하는 것과 자동차 구매 욕구를 줄이는 카셰어링 산업이 충돌하는 셈이다.

이런 이유로 자동차 중심의 사회가 바뀌는데 상당한 시간이 걸릴 것이란 전망이 힘을 얻고 있다. EV로 바뀌어도 전력에 유류세 만큼이 부과돼야 하고, 수소도 마찬가지다. 게다가 현재의 카셰어링은 도로에 렌탈카를 늘리는 역할일 뿐 구매 감소를 유도하지 못한다. 그래서 자동차는 언제나 세금과 오염의 두 얼굴을 가지고 있다. 세금 측면에선 판매가 증가해야 하지만 환경 시각에선 줄어야 하기 때문이다. 점진적 변화가 해법이겠지만 그러자면 화석연료만큼 전력 및 수소 등의 대안 에너지 가격도 떨어져야 한다. 그리고 친환경 수송 에너지를 사용하는 이동 수단, 즉 자동차의 가격도 낮아져야 한다. 인구 감소로 자동차 판매가 점차 줄겠지만 줄어도 걱정인 게 바로 자동차다.

자동차,
휘발유와 전기의 세금 논란

지난 2017년 기준으로 정부가 국내에서 운행되는 휘발유 및 경유 등 수송 연료를 통해 거둔 유류세는 연간 26조 원이다. 물론 유류세의 대부분은 법에서 확정된 교통에너지환경세(ℓ당 휘발유 475원, 경유 340원)로 15조 3,782억 원에 이른다. 그리고 이 돈은 교통시설(80%), 환경개선(15%), 에너지 및 자원사업(3%), 그리고 지역발전(2%)에 사용토록 명시돼 있다. 에너지경제연구원이 2018년 내놓은 '자동차의 전력화 Electrification 확산에 대비한 수송용 에너지 가격 및 세제 개편 방향 연구'에 따르면 유류세의 상당 부분을 차지하는 교통에너지환경세는 도로(43~49%), 철도(30~36%), 항만(7~13%), 교통체계관리(0~10%), 공항(0~7%) 등에 사용된다. 쉽게 보면 교통에너지환경세 15조 원 가운데 80%인 12조 원이 교통부문에 사용되지만 이 가운데 40%인 4조 8,000억 원 정도는 실제 자동차 이용자를 위한 도로 인프라 유지관리 및 신규건설투자 재원으로 활용된다는 뜻이다. 그래서 휘발유에 포함된 교통에너지환경세의 일부분은 '도로 이용료'의 성격이어서 일종의 도로 소비세로 분류한다.

반면 전기차 이용자가 사용하는 수송용 전기는 부가세와 전력산업기반금을 제외하면 교통에너지환경세가 전혀 없다. 하지만 도로는 함께 이용한다는 점에서 '교통세'를 부담하는 휘발유차와 수송 연료의 과세 형평성 문제가 제기될 수밖에 없다고 보고서는 지적한다. 이에 따라 수송 연료의 형평성 제고 차원에서 '교통환경에너지세'로 뭉뚱그려진 세목을 '교통'과 '환경에

너지세'로 분리 후 과세 기준을 만들어야 한다고 강조한다. 이 경우 휘발유의 교통세는 ℓ당 182~207.4원 수준이 돼야 하며, 수송용 전기 또한 비슷한 수준에서 도로 이용에 따른 세금이 필요함을 역설하고 있다. 쉽게 보면 '교통에너지환경세'에서 수송용 휘발유와 전기는 도로 이용을 위해 '교통세'를 공통적으로 부과하되 '환경에너지세'는 휘발유에만 별도 부과하는 방안이 공정하다는 뜻이다. 이를 위해 제안한 것이 가칭 '도로교통이용세'다. 휘발유차든 전기차든 관계없이 에너지에 부과하자는 취지다.

이미 미국 등지에선 전기차 세금을 부과한다는 점에서 보고서는 전기차의 세금 부과 방식도 제안했다. 연간 평균 주행거리에 따라 일괄부과하는 주행거리세 방식이다. IT 기술 등으로 주행거리 산출이 가능한 만큼 전기차 확산에 따른 유류세 부족을 보전할 수 있다고 강조한다.

물론 일부에선 전기에너지의 배출가스 기준으로 유류세 문제에 접근해야 한다는 주장도 있지만 보고서는 연료산지에서 바퀴까지Well-to-Wheel 휘발유 및 경유, LPG, 수송용 전기의 대기오염물질 배출량 전과정을 분석한 결과 전기차는 머플러를 통한 직접 배출 대신 전력 생산 및 유통 과정에서 간접 배출이 적지 않아 무공해자동차로 분류되는 '제1종 저공해자동차'로 평가하기 어렵다는 사실을 확인했다고 강조한다. 따라서 '교통에너지환경세'를 '교통, 환경, 에너지'로 구분할 때 교통은 세금의 사용 목적이 다르다는 점을 봐야 하고, 전기차 또한 도로 이용에 따른 과세의 필요성은 충분하다는 결론에 도달하고 있다.

최근 이 같은 논란이 주목을 받는 데는 정부가 추진하는 친환경차 100만 대 목표가 배경이다. 보급을 이루기 위해선 근본적으로 유류세 문제가 선결돼야 하기 때문이다. 아직은 보급대수가 많지 않아 보조금 부담이 낮지만 2025년까지 100만 대에 보조금을 지급하려면 줄어드는 유류세를 보전해야 하고, 이를 위해선 결국 수송용 전기에도 세금이 필요하다는 것이다.

친환경차 보급에 있어 유류세 논란은 꽤 오래 전부터 있어 왔다. 하지만 오로지 보급에 방점을 두다 보니 논의를 애써 외면한 것도 사실이다. 하지만 '그린 뉴딜'로 대표되는 정부의 4차 산업 미래전략에 '친환경 모빌리티'가 중심을 잡으면서 더 이상 뒤로 미룰 수 없다는 인식도 확산되고 있다. 뒤늦은 논의에 따른 혼란보다 현실 인식에 따른 제도 개편이 미래전략 추진 과정에서 보다 바람직하기 때문이다.

내연기관의
세금 반란이 시작되다

친환경차도 예외 없이 도로를 이용하는 만큼 도로세금을 부담하는 게 타당할까? 아니면 환경개선 효과를 우선해 세금은 내지 않는 게 적합할까? 내연기관 연료에 유류세를 부과하는 각 국이 유류세 감소를 보전하기 위해 본격적인 친환경차 도로세 도입을 검토하자 불거져 나오는 갈등이다.

대표적인 국가는 호주다. 호주 빅토리아주는 친환경차에 도로세를 부과하기로 결정했다. 대기질 개선과 별도로 친환경차 또한 도로를 이용하고 이들 도로의 건설 및 유지비용을 휘발유와 경유의 세금으로 충당한다는 점에서 도로이용 부담은 내연기관이든 친환경차든 공정해야 한다는 논리를 펼쳤다. 이를 위해 주 정부가 제시한 세금은 km당 2.5센트, 우리 돈으로 20원 정도다. 연간 1만 5,000km의 도로를 이용한다면 30만 원이고 전기와 기름을 동시에 사용하는 하이브리드는 km당 2.0센트로 연간 24만 원의 도로세를 책정하겠다고 밝혔다. 하이브리드의 경우 기름 사용으로 이미 유류세를 부담하는 만큼 순수 전기차에 비해 도로세는 적은 셈이다.

그렇다면 내연기관 자동차의 유류세는 얼마나 될까? 기름 종류와 무관하게 호주 내 수송 부문에 사용되는 유류세는 ℓ당 42.3센트, 한화로 약 342원이다. ℓ당 10km를 주행하는 자동차라면 연간 부담하는 세금이 51만원에 달한다. 순수 전기차의 도로세와 비교하면 약 20만원 정도 더 내는 것인데 이 돈은 일종의 환경오염세로 인식되는 셈이다. 따라서 주 정부는 친환경 여부와 관계없이 모두가 사용하는 공공재로서 도로는 이용료가 필요하고 친환경차는 환경오염 측면만 감안돼 세금이 없어야 한다는 논리를 펼쳤다.

호주에서 시작됐지만 비슷한 논란은 한국도 예외가 아니다. 2019년 기준 국내에 누적된 친환경차는 60만 대를 넘는다. 여기서 친환경차는 하이브리드와 순수 전기차 등을 말하는데 기본적으로 유류 사용량이 적거나 아예 없는 자동차다. 당장은 숫자가 적어 문제가 없지만 정부의 목표대로 친환경차 보급이 100만 대, 200만 대에 달할 경우 실질적인 유류세 감소는 불가피하다.

물론 아직까지 유류세 문제가 없는 이유는 자동차 등록대수 확대로 유류세가 보전됐기 때문이다. 실제 현대차 코나 HEVHybrid Electric Vehicle, 하이브리드 자동차와 BEVBattery Electric Vehicle, 순수 배터리 자동차, 휘발유 차종을 연간 1만 3,000km 정도 운행할 때 HEV는 27만 원, 휘발유는 41만 원가량의 유류세를 부담하지만 BEV는 유류세 부담이 없다. 따라서 HEV와 BEV가 늘어날수록 유류세가 줄어드는 구조지만 등록대수만 보면 휘발유와 경유차의 등록이 훨씬 많다. 국토교통부에 따르면 2018년 국내에 등록된 휘발유차는 모두 1,062만 대였지만 이듬해는 1,096만 대로 34만대 늘었고 경유차도 967만 대에서 992만 대로 35만 대가 증가했다. 반면 같은 기간 하이브리드는 31만 대에서 40만 대로 9만 대가 증가했고 전기차는 2만 5,000대에서 3만 대가 늘어난 5만 5,000대에 머물렀다. 결국 내연기관차 등록이 70만 대 가까이 늘어 유류세 부족은 겪지 않는 셈이다.

그러나 앞서 언급했듯 누적된 친환경차 숫자가 100만 대를 넘기고 자동차 등록대수 증가율이 정체되면 유류세 문제는 불거질 수밖에 없다. 그럼에도 정부가 아직 별다른 대책을 내놓지 않는 이유는 그린 모빌리티로 빠르게 전환하는 게 산업적으로 매우 중요한 이슈여서다. 하지만 호주와 마찬가지로 우리 또한 서서히 도로세 논의가 필요하다는 사실은 모두가 인지하고 있다. 하지만 최근 국가기후환경회의가 대기질 개선을 위해 경유세를 올리자는 제안에도 국민적 여론이 뜨겁게 달아오른다는 점에서 아무도 언급하지 않을 뿐이다. 물론 이동 수단과 연료의 세금에 관한 것은 전 국민의 관심이자 저항 또한 만만치 않지만 해야 한다면 이미 제기된 경유세 인상과 연동시켜 장기적으로 논의하는 게 오히려 정책적으로 효과적일 수 있다.

에필로그

19세기 자동차의 등장으로 '모터'를 달았던 인류의 이동이 코로나19로 '단절' 상황에 직면했다. 사태의 장기화로 멈췄던 '시동'은 다시 켜졌지만 코로나19 이후 세계인의 이동 방식은 통째로 달라졌다. 국내만 보더라도 사회적 거리 두기로 인해 대중교통 이용은 줄고 자가용을 통한 개인 이동은 늘었다. 비대면 거래가 생활화되면서 온라인 쇼핑 의존도는 급상승했고 물류의 폭증을 유발했다. 이러한 변화는 다가올 모빌리티 사회를 예측할 때 꽤 중요한 방향성으로 작용한다. 어떻게 이동하느냐가 곧 모빌리티 산업의 흐름을 보여주기 때문이다.

대중교통체계가 가장 먼저 타격을 받았다. 감염병 확산 방지를 위해 비대면이 권장되면서 이동 자체를 하지 않았고 필요한 경우 자가 이동을 선호하기 시작했다. 그 결과 지하철과 버스, 택시를 포함해 대중교통 전반이 위기를 겪었다. 서울시 기준 지하철 이용자는 100만 명이 넘게 줄었고, 일부 지방은 택시 이용률이 50%나 하락했다. 하지만 인간에게 이동은 생존의 기본 요건이자 없어서는 안될 기본권이다. 생존을 위해 이동을 멈춰야 하지만 생존을 위해 이동할 수밖에 없는 사람들도 존재한다. 대중교통은 10명이 이용하든 1명이 이용하든 국민의 최소 이동권을 위해 유지돼야 한다. 다만 이용자가 줄면 여기에 투입돼야 하는 정부의 세금 부담은 늘어난다.

자가용 이동은 반짝 하락 후 회복세를 보였다. 달라진 점은 코로나 이전까지 자가용은 이동 기능이 우선이었지만 코로나 이후에는 안전한 공간이라는 인식이 확산되며 제품에 대한 소비자 인식 변화가 감지됐다는 것이다. 글로벌 자동차조사회사 IHS 마킷은 자동차에 대한 사고 전환이 자동차 회사에 위기이자 동시에 기회가 될 것이라 전망했다. 자가용 운행이 증가하되 소득이 감소하는 만큼 차를 바꾸려는 경향이 낮아져 보유기간이 확대될 경향이 높아지기 때문이다.

IHS는 크게 세 가지 측면에서 산업 트렌드를 분석했다. 먼저 비대면의 일상화에 따른 사회적 영향이다. 대표적으로 '재택근무Work From Home'의 일반화가 가속화될수록 복잡한 도심 내 이동은 줄되 대중교통이 불편한 지역은 의료 및 식료품 구입 등의 생존 욕구 충족을 위해 자가용 이용이 확대될 것으로 내다봤다. 두 번째는 안전 욕구에 따라 나타날 수 있는 모빌리티의 재편이다. 감염병을 회피하려는 안전 본능이 자가용 공간의 선호 현상을 만들자 자동차회사 또한 감염병 방지 기능을 빠르게 추가한다는 점이다. 하지만 동시에 공유 이동을 추구하는 모빌리티 기업도 방역에 치중하면서 자가용의 직접 구입과 경쟁하게 되고 이 경우 소비자 비용 면에서 경쟁우위를 갖기 위해 결국 로보택시 등에 치중할 수밖에 없다고 분석했다. 마지막 세 번째는 전동화의 급속한 추진이다. 여기서 전동화는 친환경 측면이 아닌 감염을 우려한 접촉 회피 본능에 따른 결과물이라는 점이 이채롭다. 내연기관은 화석연료를 채우기 위해 주유소를 방문하고 주유구를 손으로 잡아야 하는 만큼 접촉이 불가피하다. 반면 전기는 가정에서 직접 충전할 수 있어 상대적으로 감염 위험이 적다는 것이다. 접촉 기회를 줄이는 방편으로 자율주행 기술도 앞당겨질 것으로 전망했다. 운전하지 않는 개별 이동에 있어 적정 수단은 택시인데 드라이버 또한 접촉 대상인 만큼 기피 현상이 나올 수밖에 없어서다.

자동차업계뿐 아니라 정부 역시 포스트 코로나를 예측하고 대비하려는 움직임은 활발하다. 공통적인 관점은 모든 부문에서 대전환이 불가피하다는 시각이다. 코로나19로 달라질 자동차산업이 일자리, 세금, 환경 분야에서 큰 변화를 야기할 수 있어서다. 정부로선 어떻게든 자동차 판매가 늘고 이동 거리 또한 증가해야 일자리와 세입이 보장되지만 이는 교통정체와 배기가스를 유발해 환경보호에 역행한다. 그러다보니 한국의 자동차 정책은 세금과 환경 문제의 공존을 위해 구매는 장려하되 운행은 억제하는 방식을 지향해왔다. 구매 장려는 세금 의존에 따른 결과이고 운행 억제는 환경 때문이다. 이런 상황에서 막대한 재정을 필요로 하는 코로나 위기는 '운행 규제' 대신 '운행 확대'를 요구하는 셈이니 환경 부문은 벌써부터 걱정하는 목소리를 내고 있다. 이를 위해 친환경차 장려를 권고하지만 친환경차는 세금을 오히려 지원해주는 대상이어서 가파른 확대는 오히려 재정에 부담으로 다가온다. 결국 환경에는 반드시 비용이 수반된다는 점을 코로나19가 다시 한 번 확인시켜 주는 셈이다.

자동차산업의 미래는 어떤 에너지를 사용할 것이며, 지능의 범위를 어디까지 확장해, 이동의 경험을 어떤 방식으로 제공할 것인지에 달려있다. 현재 가장 유리한 지위를 점한 곳은 제품을 생산하는 자동차

기업이다. 하지만 이동 수단을 누구나 만들어 낼 수 있는 시대가 도래하면 더욱 차별화된 이동 경험을 제공하는 에너지 및 IT기업, 모빌리티 플랫폼 기업 등으로 주도권이 옮겨갈 가능성도 있다. 이 가운데 코로나19는 또 다른 변곡점이다. 이동의 가치가 효율보다는 안전에 집중되면서 기존과는 완전히 다른 이용 패턴이 요구될 수 있기 때문이다. '탈 것'에 대해 인사이트 있는 새로운 시각을 제시한 기업만이 미래 모빌리티 주도권을 잡을 수 있다.

모빌리티 미래 권력

1판 1쇄 발행 2021년 9월 14일
1판 2쇄 발행 2022년 7월 11일
지은이 권용주, 오아름 | 펴낸이 이재유 | 디자인 오필민디자인
펴낸곳 무블출판사 | 출판등록 제2020-000047호(2020년 2월 20일)
주소 서울시 강남구 영동대로131길 20, 2층 223호(우 06072)| 홈페이지 mobl.kr
전화 02-514-0301 | 팩스 02-6499-8301 | 이메일 0301@hanmail.net
ISBN 979-11-91433-09-8 (03320)